EL PLANNER
DEL ÉXITO

100 DÍAS DE ENFOQUE Y CONQUISTA DE TU FUTURO

VÍCTOR HUGO MANZANILLA

Descarga video que te
explica paso a paso cómo
utilizar esta herramienta en

WWW.PLANNEREXITO.COM

CONTENIDO

INTRODUCCIÓN

ESTE LIBRO, DIARIO O GUÍA (O LAS TRES COSAS AL MISMO TIEMPO) FUE CREADO CON UN propósito claro: lo escribí para mí.

Cuando publiqué *Despierta tu héroe interior* y *Tu momento es ahora*, lo hice porque había recibido una revelación en mi vida que me ayudó a cambiar y crecer, así que decidí escribir dichos libros para ayudar a otros.

En este caso fue totalmente diferente. Escribí *El Planner del Éxito* porque lo necesitaba. Con el tiempo, llegué a desarrollar un proceso para planificar mi camino al éxito que me funcionó de maravilla. Lo perfeccioné poco a poco, hasta el punto de tener plena confianza en que podía lograr mis objetivos con éxito.

Como parte del proceso, necesitaba una herramienta de control diario que me asegurara que estaba en el camino correcto. Al buscar en el mercado, me di cuenta de que existen cientos de herramientas, agendas y diarios, pero ninguna diseñada a partir de mi propio proceso.

Esa fue la razón por la que ideé este libro, diario o guía. Lo escribí para ayudarme a mí mismo, porque no había nada igual disponible en el mercado. Y los resultados fueron fenomenales.

En un año, había lanzado mi primer libro al mercado con HarperCollins, impartido dos cursos online con más de mil estudiantes, escrito más de cuarenta artículos y publicado más de cincuenta podcasts. Mi plataforma había crecido a más de un millón de visitas al año... y todo esto lo había logrado mientras trabajaba en un empleo de 8 a. m. a 6 p. m. como la mayoría de las personas.

Muchos de mis lectores me preguntaban cómo podía lograr tantas cosas al mismo tiempo. Y todo era gracias a este proceso de planificación y ejecución que había creado.

Poco a poco, a través de mi página LiderazgoHoy.com, comencé a presentar de forma aislada ciertos conceptos del programa y a darme cuenta de que eran muy útiles para mis lectores. Así que decidí hacer pasar por el proceso a un grupo selecto a fin de determinar si otros podían también utilizar este plan.

Para ello, lancé al mercado un curso online de treinta días, donde explicaba un principio diariamente y lo llevaba a la práctica en un orden planificado de manera estratégica. Los resultados fueron excelentes, recibiendo cientos de mensajes de personas cuyas vidas habían sido transformadas por el proceso.

Sin embargo, el curso online no les proveía a mis estudiantes esa herramienta diaria que les permitía mantenerse en el rumbo de una manera práctica y fácil de utilizar. Así que decidí lanzar esta herramienta que tienes en tus manos.

Se trata de un *libro* porque te ofrece todos los conocimientos que he adquirido sobre cómo crear un plan de éxito para los próximos 100 días. También constituye una *guía*, ya que te ofrece algunos ejercicios que te permitirán llevar a la práctica un proceso que incluye enfoque, visión y planificación de tus objetivos y sueños.

Y por último, es un *diario*, pues te mantiene día a día monitoreando el progreso y asegurando que permanezcas en el camino correcto.

Esta herramienta te va a conducir a través de un curso de veinte días. Cada día debes leer y hacer el ejercicio correspondiente. Luego de los primeros treinta días comenzarás el «Diario», el cual te servirá como una herramienta para asegurar que cumplas tus objetivos.

Bienvenido a *El Planner del Éxito*, que ahora es *Tu Planner del Éxito*.

Los mejores días de tu vida están frente a ti.

No dejes de descargar el vídeo que te explica paso a paso cómo utilizar esta herramienta en www.plannerexito.com

DÍA 1

LUNES

APRENDIENDO DEL PASADO

¡BIENVENIDO AL PRIMER DÍA DEL PROGRAMA!

Cada uno de los ejercicios que tendrás que realizar durante este programa tiene un objetivo: trasmitir el conocimiento al sistema nervioso, transformar la mente y crear nuevos patrones neuronales.

Aunque algunos ejercicios te parezcan triviales, hazlos. Aunque algunos ejercicios te parezcan muy difíciles y te dé temor realizarlos, hazlos igualmente. Te vas a dar cuenta de que el proceso de hacer los ejercicios tiene una lógica, una intención y una estrategia única que te llevará a donde anhelas llegar.

Cuando vamos a comenzar una nueva etapa en la vida (una nueva semana, un nuevo mes o un nuevo año) normalmente lo primero que hacemos es establecer metas, considerar dónde queremos crecer y qué queremos lograr en el futuro. Y aunque ese es un proceso importante, lo es aun más tomarse el tiempo para mirar atrás, al menos como primer paso. Mirar atrás te va a permitir obtener la información que te catapultará hacia el mañana.

Es necesario aclarar que tu pasado no define tu futuro. Aunque pudiste haber tenido un mal año o un pasado desastroso, eso no es un indicador de que tu futuro va a ser funesto. Sin embargo, considerar el pasado, aprender del pasado, estar agradecido por el pasado, te va a permitir crecer, cambiar y mejorar en esas áreas que te llevaron previamente a resultados no tan buenos.

El primer ejercicio que vas a hacer en el día de hoy es mirar al pasado a fin de aprender de él. En el ejercicio aparece una tabla que tienes que llenar. En la primera columna de esa tabla se encuentran las siete áreas que abarca el desarrollo humano: la salud, el tiempo, las finanzas, la profesión o los negocios, las relaciones, la mente y el espíritu.

En este proceso nos vamos a enfocar en esas siete áreas del desarrollo humano. La mayoría de ellas se explican solas. Sin embargo, quiero aclarar a qué me refiero con *el tiempo*. Cuando hago alusión al tiempo, hablo de este como un recurso finito, como un recurso no renovable que necesitamos emplear en nuestro proceso de aprendizaje, en nuestro proceso de establecer metas para el futuro.

A medida que seamos más eficientes y eficaces con el manejo del tiempo, mayor será la disposición, la flexibilidad y la libertad que vamos a tener para hacer las cosas que nos apasionan, tales como estar con la gente que queremos, disfrutar de ese pasatiempo que siempre añoramos, y expandirnos en el área en la que queremos aprender, crecer y cambiar.

De la misma manera en que estudiamos y mejoramos en las finanzas, y así como trabajamos en la salud haciendo ejercicios y comiendo sanamente, de igual modo podemos hacer con el tiempo a fin de asegurarnos de que año tras año seamos más inteligentes en lo que respecta al manejo de nuestro tiempo.

Ahora bien, volviendo a la tabla, debes escribir algo bueno y algo malo que te haya sucedido en los últimos meses en cada una de las áreas del desarrollo humano. Habrá algunas donde solo tienes algo bueno que escribir, habrá otras donde solo habrás experimentado algo malo, y en algunos casos serán ambas cosas.

En la cuarta y última columna vas a anotar qué aprendiste de esa situación y cómo podrías hacerlo mejor en los próximos meses. Responder esa pregunta te permite entender que por medio de todo lo malo y todo lo bueno que te sucedió tiene lugar un proceso de aprendizaje.

Uno de los errores que cometemos es que cuando ocurre algo bueno, no investigamos por qué es así. Muchas veces las cosas buenas están sucediendo y no entendemos el motivo. Es importante entender por qué todo está bien, ya que si algún día nos empieza a ir mal, podemos saber cómo corregirlo.

Este es un proceso de reflexión que nos está preparando para enfrentar el futuro cercano basándonos en las experiencias que tuvimos anteriormente, lo cual nos va a permitir atravesar un proceso de aprendizaje y crecimiento.

Ya para cerrar, algo interesante de la pregunta «¿Qué aprendiste y cómo lo podrías hacer mejor?» es que hace que tomes el control de la situación. En tu lista van a haber cosas malas que no dependieron de ti: una enfermedad, la ruptura de una relación que no fue cien por ciento tu culpa, el fracaso de un negocio en el que pudo haber influido la situación económica o política del país. Sin embargo, cuando te preguntas cómo podrías hacerlo mejor, estás tomando el control de la situación, pasando de un estado de impotencia a un estado de empoderamiento. Estás considerando cómo pudiste haber reaccionado y actuado mejor dentro de toda esta situación que estuvo fuera de tu control, así como también qué aprendiste, y ese proceso de aprendizaje, de crecer en tu área de influencia, aunque muchas veces creas que no tienes poder alguno, va a ser determinante en tu éxito futuro.

EJERCICIO #1

Completa la tabla que aparece a continuación:

Área del desarrollo humano	Resultado	¿Qué sucedió?	¿Qué aprendiste y cómo lo podrías hacer mejor?
Salud	Bueno		
	Malo		
Tiempo	Bueno		
	Malo		
Finanzas	Bueno		
	Malo		
Profesión o negocio	Bueno		
	Malo		
Relaciones	Bueno		
	Malo		
Mente	Bueno		
	Malo		
Espíritu	Bueno		
	Malo		

DÍA 2

MARTES

LA FELICIDAD Y EL MAPA PARADIGMÁTICO

HOY VAMOS A APRENDER SOBRE LA *FELICIDAD* Y EL *MAPA PARADIGMÁTICO*. QUIERO HACER un ejercicio contigo que te permitirá tener una comprensión más clara de ambas cosas.

La felicidad o la infelicidad

¿Por qué soy feliz o por qué soy infeliz? En la tabla que encontrarás abajo, anota si eres feliz o infeliz en cada una de las áreas del desarrollo humano. En la cuarta columna, escribe una, dos o tres razones de por qué te sientes feliz o infeliz en cada una de esas áreas.

Por ejemplo, en el área de la salud puede ser que te sientas infeliz debido a que tienes diez kilogramos de sobrepeso, o no estás respetando la dieta que te comprometiste a hacer, o te sientes muy cansado todos los días, llegas agotado a casa y lo que quieres es acostarte y dormir. O por el contrario, en el área de la salud te sientes feliz, pues estás lleno de energía, haces ejercicios todos los días, te encuentras sano, fuiste al médico y te informaron que todos los resultados estaban bien.

Puede ser que en los negocios te sientas infeliz porque no alcanzaste el índice de ventas al que querías llegar o tu negocio no está creciendo a la velocidad que quisieras. En las relaciones te sientes feliz debido a que hay armonía en tu familia y con tus hijos.

EJERCICIO #1

Área del desarrollo humano	Feliz	Infeliz	¿Por qué?
Salud			
Tiempo			
Finanzas			
Profesión o negocio			
Relaciones			
Mente			
Espíritu			

El mapa paradigmático

El mapa paradigmático es un plano, un esquema, en el cual tu mente define lo que es el éxito o la felicidad en cada una de las siete áreas del desarrollo humano. A fin de determinar si eres feliz o infeliz en un área, es necesario comparar tu mapa paradigmático con tu realidad. Si el mapa es igual o muy cercano a la realidad, eso te hace sentir *feliz*. Por el contrario, si el mapa es diferente a la realidad, eso te hace sentir *infeliz*.

Por ejemplo, si dices que eres infeliz en lo que respecta a tu salud porque tienes diez kilogramos de más y no cumples con tu dieta, lo que realmente está sucediendo es que tu mapa paradigmático establece que en el área de la salud uno debería tener un peso determinado, comiendo un tipo específico de comida. No obstante, como tu realidad no está siendo igual a ese mapa, viene la infelicidad.

Es importante entender que lo que te hace feliz o infeliz no es la realidad per se, sino la alineación o desalineación que presenta con respecto a tu mapa paradigmático.

Permíteme darte otro ejemplo, una persona puede decir que se siente infeliz en su trabajo porque su jefe nunca reconoce sus logros. En el área de la profesión y los negocios del mapa paradigmático de esa persona está establecido que resulta muy importante que cuando hace algo bien, sea reconocida. Por eso se siente infeliz en esa área al no recibir tal reconocimiento. No obstante, el mapa paradigmático de otra persona que pertenece a la misma empresa y está bajo la dirección del mismo jefe puede igualar el éxito laboral a estar haciendo un trabajo que la llene como ser humano y tenga propósito. A lo mejor para esa persona no es importante si el jefe reconoce o no su trabajo.

Otra persona puede sentirse infeliz en su trabajo porque no está ganando una cantidad de dinero específica. Sin embargo, otra persona que experimenta una situación similar de ingresos no se siente infeliz, ya que su mapa paradigmático no se relaciona con el salario, sino que tiene que ver con disfrutar de una buena relación con su jefe y sus compañeros de trabajo, que el lugar de empleo quede cerca de su casa para no estar mucho tiempo en el tráfico, o que su trabajo le ofrezca oportunidades de crecimiento.

Al final cada uno de nosotros poseemos un mapa paradigmático, un esquema de cómo la vida debería ser en cada una de las áreas. Cuando ellas no están alineadas con nuestra realidad, entonces nos sentimos infelices.

Lo importante es entender que *no es la realidad lo que te hace feliz o infeliz, es la alineación o desalineación con tu mapa paradigmático lo que te hace sentir de una forma u otra.*

Al completar la tabla anterior te vas a dar cuenta de que en las áreas donde anotaste que eras infeliz, tu mapa paradigmático no está alineado con tu realidad. Hay una diferencia entre la realidad y tu mapa. También te percatarás de que en las áreas dónde anotaste que eras feliz, tu mapa está alineado con tu realidad.

Cuando existe una desalineación entre nuestra realidad y el mapa paradigmático, tenemos tres opciones:

1. **Culpar:** Lo primero que hace la mayoría de la gente es culpar. Se culpan a sí mismos, culpan a otras personas o culpan a un acontecimiento externo: la economía, el tráfico, un desastre natural.
2. **Cambiar las circunstancias.** Si mi situación no está alineada con mi mapa, entonces puedo cambiar mi situación actual. Cuando lo hago, se va a lograr una alineación y yo voy a alcanzar la felicidad.
3. **Cambiar el mapa paradigmático:** Si mi realidad no está alineada con mi mapa y modificar las circunstancias está fuera de mi control, entonces debo trabajar a fin de cambiar mi mapa paradigmático.

DÍA
3

MIÉRCOLES

CULPAR

HAY TRES COSAS QUE LAS PERSONAS GENERALMENTE HACEN PARA MANEJAR LA INFELI-
cidad. La primera es culpar. Cuando decidimos culpar, culpamos en tres niveles:

1. Nos culpamos a nosotros mismos.
2. Culpamos a otra persona.
3. Culpamos a un acontecimiento externo.

Todos nosotros de cierta manera hemos pasado por algunos de estos niveles cuando algo no nos está saliendo bien o cuando nuestra realidad no está alineada con nuestro mapa paradigmático.

El problema con culpar es que se trata de la peor estrategia que puedas escoger, porque no te ayuda a lograr prácticamente nada. Esto no te permite cambiar la situación ni cambiar el mapa paradigmático (culpar no ayuda a alinear tu mapa paradigmático con tu realidad).

Lo que sí produce el hecho de culpar es hacernos entrar en un juego mental, un juego psicológico, a fin de que nos sintamos bien con respecto a una situación que no resultó como nosotros queríamos.

El primer nivel se presenta cuando la gente se culpa a sí misma. *Culparse a uno mismo* es una manera de autoprotegerse, un modo de reducir las expectativas delante de los demás para no vivir un fracaso más. Esto suena absurdo, pero a nivel subconsciente es lo que la mente está buscando. Como la mente no quiere experimentar una frustración adicional, ella busca alinearse con lo que la persona cree que es.

El segundo nivel implica *culpar a otra persona*, y eso es lo que más hacemos. Culpamos a nuestros padres por los traumas que tenemos hoy, o a nuestro jefe, o a nuestro cónyuge, o a nuestros hijos o al vecino, pero lo hacemos a fin de no asumir la responsabilidad de que nuestra realidad no esté alineada con nuestro mapa paradigmático.

El tercer nivel comprende *culpar a un acontecimiento externo*. Existen situaciones económicas y políticas, desastres naturales u otros sucesos que se salen de nuestro control. El problema surge cuando uno culpa a un acontecimiento de nuestra situación. Puede ser que tengas razón en que algún suceso está afectando tu realidad, pero de todas formas así no logras alinear tu realidad con tu mapa paradigmático, lo cual te mantiene en la infelicidad.

Lo que en realidad tienes que preguntarte es: *¿En verdad quiero buscar una manera de justificarme, reducir mis expectativas y crear sistemas de autoprotección para sentirme bien, o deseo tener una vida donde mi realidad sea lo que sueño, lo que realmente quiero?* ¿Tú quieres una vida que esté llena de excusas, en la que puedas culpar por no haber logrado lo que has soñado, o prefieres una vida donde logres tus sueños?

Culpar no te va a hacer bien, por eso es importante que tomes la decisión de dejar de hacerlo. Siempre vas a experimentar problemas, siempre habrán situaciones ajenas a ti en tu país, tu organización o tu empresa, y siempre conocerás personas que te van a hacer daño, pero culpar no te va a conducir realmente a nada.

Culpar holísticamente

Sin embargo, sí existe una oportunidad en que debes culpar, pero *culpar holísticamente*. Todos hemos tenido a alguien que nos ha herido, nos ha traicionado, que ha movido nuestros cimientos de una manera negativa, nos ha cambiado o nos ha causado un trauma en la vida.

Culpar holísticamente implica tener la capacidad de ver todos los *aspectos negativos* que experimentaste con respecto a una situación por la cuál estás culpando, pero también los *aspectos positivos*.

Los golpes en la vida, las barreras, las caídas y las traiciones desarrollan nuestro carácter, nos ayudan a ser personas con una historia más inspiradora para los demás, nos ayudan a conectarnos con otros seres humanos a través del dolor.

Cuando recibimos un golpe, tenemos una caída o alguien nos traiciona, una serie de aspectos negativos nos golpean en el momento, pero de allí surge una cierta cantidad de aspectos positivos también. Por ejemplo, una persona que te traicionó en un negocio, luego de que confiaste en ella excesivamente, te enseña que en el futuro tienes que tener documentados todos los acuerdos, ser mucho más cuidadoso, y no dejar todo en manos de otra persona. Los golpes que esa persona te proporcionó y la traición que cometió contigo te ayudan a convertirte en un mejor emprendedor el día de mañana.

Las personas que no tuvieron a un padre o una madre presentes en sus vidas, o que cuando ellos estaban allí actuaron de manera agresiva u opresiva, vivieron muchas situaciones negativas, pero por otro lado también experimentaron aspectos positivos, ya que desarrollaron su carácter y llegaron a ser individuos que en el peor de los casos pueden decir: «Ya sé lo que no quiero para mi vida, voy a buscar lo contrario». Esa capacidad de poder ver lo que no quieres, definirlo claramente y buscar lo contrario es un aspecto positivo de los golpes de la vida.

El ejercicio que deseo que hagas consiste en culpar a una persona holísticamente. Todos hemos conocido a alguien en nuestra vida que nos ha dado un golpe, nos ha traicionado o nos molesta a diario. Quiero que contactes a esa persona, ya sea cara a cara, por teléfono o email, o que le mandes una carta escrita donde le agradezcas por cómo esa situación te ha ayudado a crecer.

Por ejemplo, puedes llamar a esa persona que te traicionó cuando hiciste un negocio y le puedes decir: «Durante todos estos años te culpé porque me robaste, me engañaste, tomaste dinero del negocio, me hiciste disminuir las ganancias (menciona todas las razones que tengas), pero nunca te había atribuido la responsabilidad por los aspectos positivos que tu acción desarrolló en mí. Eso también quiero atribuírtelo hoy y agradecértelo, porque gracias a ti me he convertido en una persona mucho más cuidadosa, alguien que ha aprendido a leer y hacer documentos, a tener las cuentas claras, a involucrarme más en los negocios, a descubrir cuáles son las medidas claves que tengo que tomar siempre para asegurar que los asuntos marchen bien, y nunca me habría podido convertir en esa persona si no hubiera sido por ti y la situación que vivimos. Por eso quiero darte las gracias».

EJERCICIO #1

Busca a alguien (puede ser tu padre, tu madre, un familiar, tu hijo, un socio actual o antiguo, tu pareja o tu ex), llámalo y cúlpalo holísticamente. Cúlpalo por lo que hizo mal, pero también atribúyele la responsabilidad y agradécele por el carácter que se desarrolló en ti gracias a sus acciones.

Este modelo te puede ayudar

_____ (nombre), durante todos estos años te culpé por

_____

_____

_____

_____

_____ .

Nunca te había atribuido la culpa por los aspectos positivos que tus acciones desarrollaron en mí y por eso también te quiero responsabilizar y agradecerte hoy, porque gracias a ti me convertí en una persona

_____

_____

_____

_____ .

Nunca me habría podido convertir en un individuo así si no hubiese sido por ti y la situación que vivimos.

¡Gracias!

EJERCICIO #2

Luego que hayas contactado a esa persona responde las siguientes preguntas:

1. ¿Cómo reaccionó la persona que escogiste y culpaste holísticamente? Es importante entender que aquí no estamos buscando que la persona reaccione positivamente o te dé las gracias. Aquí estamos aprendiendo a culpar holísticamente.

2. ¿Cómo te afectó este ejercicio a ti?

DÍA
4

J U E V E S

CAMBIA LAS CIRCUNSTANCIAS

LA PRIMERA COSA QUE LA GENTE HACE PARA MANEJAR LA INFELICIDAD ES CULPAR. LA segunda es *cambiar las circunstancias*. En la mayoría de las situaciones tú tienes el control a fin de cambiar las circunstancias. Al modificar la situación, la alineas con tu mapa paradigmático, sintiéndote feliz y pleno en esa área.

El proceso de cambio atraviesa cinco etapas.

1. **El mundo ordinario**. En el mundo ordinario las cosas son como son, no hay un cambio significativo. Las situaciones son las habituales. No te sientes feliz, pero tampoco estás insatisfecho. Te consideras alguien normal, una persona promedio que vive una situación llevadera.

2. **Insatisfacción**. En este paso comienza un sentido de insatisfacción, a un nivel bajo, pero aun así te sientes descontento. Ya no te gusta tanto que tu jefe te mande un mensaje de texto o un correo durante el fin de semana. Te molesta solo un poco, pero hay cierto disgusto. Ya no te gusta, por ejemplo, que tu cónyuge o tu hijo hagan esto o aquello, y te da un poquito de molestia. Te afecta

que tu negocio no esté creciendo como quisieras, pero tampoco es que estés pasando hambre. Sin embargo, hay una leve insatisfacción.

3. **Insatisfacción elevada.** Ahora es cuando realmente te molesta lo que está sucediendo, te fastidia que tu jefe te esté mandando correos un sábado o un domingo, que son tus días libres. Te molesta que le hayas dedicado un gran esfuerzo a tu negocio y que no esté dando los resultados que esperabas. Te molesta que tus padres, o tu cónyuge o tus hijos actúen de una manera específica. Sí, la situación te incomoda realmente. No obstante, aunque experimentes un nivel elevado de insatisfacción, no has realizado ninguna acción para mejorar la situación. Llevas a cabo remedios temporales aquí o allá para tratar de reducir tu elevado nivel de insatisfacción, o quizás lograr que tu vida regrese al mundo ordinario, pero no hay cambios trascendentales, cambios drásticos que te ayuden a cambiar las circunstancias realmente.

4. **Cruzando el umbral de la inacción**. El umbral de la inacción lo cruzas en el momento en que dices: «Ya no más, se acabó, voy a comenzar a hacer algo. No espero un día más». Ese es el instante en que el nivel de insatisfacción es tan alto que llega a un punto en que cruzas el umbral de la inacción y tomas una decisión. Tu vida a partir de ese momento nunca más será la misma.

    Recuerdo un día en el que me encontré con un amigo que no había visto por mucho tiempo. Cuando lo vi, estaba fuerte, musculoso y había desarrollado un cuerpo de fisicoculturista. Lo interesante es que un año antes tenía sobrepeso, básicamente estaba obeso. Me sorprendió verlo así y le pregunté qué había sucedido. Me contó que un día cuando se levantó en la mañana para ir al baño, sintió un dolor en el pecho y las piernas y colapsó. No se pudo parar debido al dolor que sentía. La esposa, que también tenía sobrepeso, no pudo ayudarlo, y le tomó cuarenta minutos levantarse del piso. Esa situación lo llevó a cruzar el umbral de la inacción. Él sufría de sobrepeso, lo cual le había causado una gran insatisfacción. Le molestaba que no pudiera dormir ni respirar bien, se sentía cansado y tenía dolores de cabeza constantes. El día que colapsó y se sintió indefenso, cruzó el umbral de la inacción y entró en lo que llamo la acción masiva.

5. **Acción masiva.** Las personas que realmente cambian las circunstancias de su vida para que se alineen con su mapa paradigmático son las que llegan a la

etapa de la acción masiva. Mientras estés en la etapa de la insatisfacción o la insatisfacción elevada, lo que harás es intentar llevar a cabo pequeñas acciones para tratar de reducir un poco las insatisfacciones. Al hacer eso creemos que estamos actuando en la situación, pero no avanzamos. Necesitamos pasar el umbral de la inacción a fin de tomar la decisión de que, por ejemplo, a partir de ahora voy al gimnasio, no comeré comida chatarra, terminaré esa relación, o comenzaré una nueva. Después de que cruces el umbral de la inacción, no hay nada que te detenga.

EJERCICIO #1

Escoge en la tabla de abajo algún área en la que anotaste que eras «infeliz» en el ejercicio del Día 2 y con respecto a la cual hayas decidido cambiar las circunstancias.

Luego, para cada una de ellas, vas a seleccionar en qué etapa te encuentras: mundo ordinario, insatisfacción, insatisfacción elevada, cruzando el umbral de la inacción o acción masiva. Es de suma importancia que seas consciente de dónde te encuentras.

En la columna de la reflexión, escribe qué necesita suceder para que te muevas a la acción masiva.

Área del desarrollo humano	Mundo ordinario	Insatisfacción	Insatisfacción elevada	Cruzando el umbral de la inacción	Acción masiva	Reflexión
Salud						
Tiempo						
Finanzas						
Profesión o negocio						
Relaciones						
Mente						
Espíritu						

DÍA
5

VIERNES

CAMBIA EL MAPA PARADIGMÁTICO

LA TERCERA ESTRATEGIA PARA SER FELIZ IMPLICA *CAMBIAR EL MAPA PARADIGMÁTICO*.

Te voy a contar una historia. Mi hijo Benjamín tiene cualidades maravillosas y estoy muy orgulloso de él. Con todo, uno de los aspectos que no me hacía sentir muy feliz era su despiste. A veces le pedía que fuera a su cuarto a ponerse los zapatos para llegar diez minutos después y encontrarlo pintando en vez de hacer lo que le había solicitado. Una vez le pedí que fuera a peinarse a fin de ir al colegio para después de esperar cinco minutos ir al baño y encontrarlo cepillándose los dientes (tres minutos antes ya lo había hecho). ¿Y el cabello? Nada. Me tenía un poco frustrado que fuera tan despistado, así que eso era causa de regaños y peleas.

Podía ver que él también se sentía frustrado, pero me daba cuenta de que la frustración que mi hijo sentía no era por mis regaños, sino consigo mismo, por no poder enfocarse en la tarea que lo mandaban a hacer. Él era despistado y, a pesar de ser un niño tan inteligente, su mente estaba siempre volando y pensando en mil cosas menos en lo que su papá le pedía.

Poco a poco empecé a entender que había aspectos de mi hijo que formaban parte de su personalidad y que no importaba cuán fuerte lo regañara, estaban fuera de su control. Entendí que en vez de regañarlo lo que debía hacer era practicar con él las habilidades de concentración necesarias para que no resultara tan olvidadizo. En ese momento decidí cambiar mi mapa paradigmático. Mi regla ya no sería: «Mi hijo debería ser enfocado y hacer lo que yo le pido al instante», sino más bien algo como: «Mi reto es acompañar a mi hijo a desarrollar las habilidades de concentración necesarias para tener orden y éxito en la vida». Bajo la primera regla vivía en un estado de infelicidad y frustración, pero bajo el nuevo mapa paradigmático viviría en un estado de reto y motivación al trabajar con él en equipo.

Existen cosas que están totalmente fuera de tu control. Tu socio puede que nunca aprecie tu arduo trabajo. Tu cónyuge tal vez nunca cierre la pasta de dientes como a ti te gusta o coloque el papel de baño en la dirección correcta. Tu hijo quizás sea músico o artista en vez de tener la profesión que tú soñaste toda la vida para él. Es posible que un nuevo gobierno suba los impuestos o un nuevo jefe te exija más que el anterior. Esas cosas pueden y van a pasar, y en esos casos, si no eres capaz de cambiar la situación, cambia el mapa paradigmático para lograr tu felicidad.

Muchas veces confundimos el hecho de cambiar el mapa paradigmático con disminuir las expectativas y degradar nuestra vida a la mediocridad. No se trata de eso. Si bien es cierto que hay personas que para protegerse y como autodefensa bajan sus expectativas con el fin de no ser defraudados y vivir una vida mediocre, ese no es el caso tuyo ni mío. Lo que sí debes hacer es cambiar las expectativas de lo que *otros* deberían hacer por ti porque ellos están fuera de tu área de influencia. Puedes influir un poco en tu hijo, tu jefe y tu cónyuge, pero la realidad es que sus comportamientos están mayormente fuera de tu control. El secreto está en disminuir las expectativas de lo que otros pueden hacer por ti y aumentar las expectativas de lo que tú puedes hacer por otros.

No obstante, ¿cómo puedes disminuir las expectativas en cuanto a lo que los otros deben hacer por ti? Cambiando la *expectativa* por *la apreciación*. Modificando el mapa paradigmático para en vez de *esperar* algo, ser *agradecido* por algo. Eso cambia la ecuación completamente. Entonces, vivirás situaciones en las que decidirás ser feliz a pesar de que el papel de baño esté puesto al revés, o tu socio sea antipático, o tu hijo resulte olvidadizo. Comenzarás a apreciar las cosas buenas de tu pareja, las maravillosas virtudes de tu socio, o la bendición de tener un niño hermoso e inteligente, aunque sea olvidadizo.

La gracia

La gracia es esa manifestación en tu vida que estuvo fuera de tu control, pero que te catapultó a una nueva experiencia y un nuevo éxito.

A fin de apreciar la gracia, solamente tienes que abrir los ojos. Ser agradecido te muestra un mundo escondido que la mayoría de las personas no ven. Existe una cadena de «casualidades» que permiten que veas, vivas e interactúes con el mundo. Ser agradecido te hace consciente de esa cadena. La vida es una cadena de casualidades constantes. Es un milagro que solamente puedes ver cuando te colocas los lentes del agradecimiento. *La vida es gracia.*

Hace unos años leí lo siguiente: «La gratitud puede transformar lo que tenemos en suficiente, una comida en un banquete, una casa en un hogar y a un extraño en un amigo».

Por muy difícil que sean tus circunstancias, siempre existe algo por lo que estar agradecido. Te propongo un reto extremo; es difícil, pero no imposible. Durante veinticuatro horas, da gracias por todo en extremo. Cuando te levantes, da gracias por un nuevo día de vida. Cuando enciendas la luz en tu casa, da gracias por la bendición de tener electricidad. Cuando te bañes, da gracias por tener agua caliente y productos de aseo personal a tu disposición. Cuando comas, da gracias por los alimentos, por el trabajo de toda una cadena de suministros que se encuentra detrás de ese alimento que está en tu mesa. Cuando enciendas tu auto, da gracias por tener un vehículo o un transporte público a tu disposición. Cuando estés conduciendo, da gracias por el tráfico; especialmente si hubo un accidente, agradece que no hayas sido tú quien se accidentó. Y continúa así por veinticuatro horas, dando gracias por todo.

Este proceso de forzar tu mente a ser agradecido va a aumentar tu capacidad de apreciación, la cual resulta clave para cambiar tu mapa paradigmático. Recuerda que cuando hablo de cambiar el mapa paradigmático no me estoy refiriendo a disminuir las expectativas y degradar tu vida a la mediocridad. No se trata de eso. Lo que estoy diciendo es que cambies las expectativas por la apreciación. Modifica el mapa paradigmático pasando de *esperar* a *ser agradecido* por algo, y eso va a cambiar la ecuación de tu vida.

EJERCICIO #1

Da gracias en extremo durante veinticuatro horas por todo. Desde que abras los ojos en la mañana, da gracias porque estás vivo; cuando prenda la luz, da gracias porque tienes electricidad; cuando te bañes, da gracias por el agua caliente... y así el resto de las veinticuatro horas.

EJERCICIO #2

Revisa la tabla que llenaste en el Día 2, en la cual anotaste si eras feliz o infeliz en las diferentes áreas del desarrollo humano. Selecciona aquellas donde necesitas cambiar el mapa paradigmático, ya que modificar las circunstancias no depende de ti, sino de otros. Cambia esas expectativas que tienes con respecto a los demás por la apreciación.

Área del desarrollo humano	¿Cuál es el nuevo mapa paradigmático?
Salud	
Tiempo	
Finanzas	
Profesión o negocio	
Relaciones	
Mente	
Espíritu	

DÍA 6 Y 7

FIN DE SEMANA

Mi gran victoria esta semana fue:

Mi reto o problema esta semana fue:

Una posible solución al problema es:

Mi gran aprendizaje de la semana fue:

La razón #1 por la que estoy agradecido esta semana que pasó es:

El objetivo principal que voy a lograr la próxima semana es:

DÍA
8

TU PREGUNTA PRINCIPAL

QUIERO CONVERSAR CONTIGO SOBRE UN ASPECTO MUY IMPORTANTE Y NEURÁLGICO DE TU vida. Le llamo a ese aspecto *la pregunta principal*. Esta es una pregunta que, sin darnos cuenta, nos hacemos a nosotros mismos constantemente. Cuando tienen lugar ciertas situaciones, en especial situaciones estresantes, de inmediato nos hacemos una pregunta y tratamos de responderla de forma positiva, modificando el comportamiento y las acciones.

Mi pregunta principal, la cual descubrí a través de la reflexión, era: *¿Qué estará pensando él o ella de mí?* Cuando me encontraba en el trabajo y conocía a una persona nueva a la cual no le caía bien, o hacía una presentación y me equivocaba, o era confrontado por alguien, o cometía errores, en ese momento de estrés, mi pregunta siempre era: *¿Qué estará pensando ahora esa persona de mí?* Por supuesto, la respuesta que me daba solía ser que yo era incompetente, que no había hecho bien el trabajo, que me debía haber preparado mejor, que debía haber dicho esto o aquello... y así entraba en un círculo de estrés, culpa y preocupación.

Una de las maneras de detectar cuál es tu pregunta principal es considerando si *te la formulas en múltiples contextos*. Por ejemplo, yo me hacía mi pregunta en el contexto profesional, pero también en el contexto social. Si me encontraba en una reunión, conocía a alguien y esa persona tenía una cara seria, automáticamente me sentía preocupado. Me preguntaba: *¿Qué estará pensando esa persona de mí? ¿Será que le caí mal? ¿Será que está pensando que yo soy esto o aquello? ¿Será que le molestó algo que dije o hice?* Lo mismo me sucedía con mis relaciones más cercanas y en cada aspecto de mi vida.

A fin de responder a mi pregunta principal de manera positiva, cambiaba mi comportamiento desarrollando una forma de actuar con la que siempre buscaba agradar a las personas. Evitaba confrontar a la gente, porque al hacerlo existía una gran posibilidad de que no le gustara. Siempre quería que la persona pensara bien de mí.

Me convertí en un individuo que siempre deseaba complacer a los demás, sin importar que tuvieran la razón o estuvieran equivocados. Esto tenía aspectos positivos, porque socialmente me conectaba bien y de alguna forma desarrollaba un liderazgo, ya que les agradaba a las personas. Sin embargo, también había aspectos muy negativos, pues constantemente se desarrollaban situaciones con las que yo estaba en desacuerdo, pero aun así actuaba para hacer a la otra persona feliz, mientras que yo me sentía mal, frustrado y estresado conmigo mismo. Con esa pregunta principal nunca iba a ser feliz.

Otro aspecto que caracteriza a la pregunta principal es *tu creencia de que al satisfacerla eres feliz y cumples tu propósito*; y por el contrario, crees que si fallas en responderla afirmativamente padecerás dolor, estrés y frustración. Tu identidad personal está atada a esa pregunta.

He aquí algunos ejemplos de esa pregunta principal:

- **¿Cómo puedo hacerlo mejor?** Cada vez que la persona enfrenta una situación se pregunta: «¿Cómo podría hacerlo mejor?». Por un lado, esto resulta positivo, porque siempre se está buscando la eficiencia, mejoras y la excelencia. Por otro lado, resulta negativo, porque la persona siempre se siente insatisfecha.
- **¿Cómo puedo ser más exitoso que él o ella?** Un ejemplo de esto tiene lugar cuando una persona cuenta una historia de éxito y el oyente en vez de contentarse, se molesta, siente envidia y se pregunta: «¿Cómo podría ser mejor o más exitoso que él o ella?».
- **¿Cómo puedo ser más hermosa que ella?** Esta es una pregunta bastante común en el sexo femenino. La persona se cuestiona: «¿Soy más atractiva o hermosa que ella ante los ojos de mi pareja, las personas en esta mesa, o los participantes en esta reunión?». Y automáticamente entra en un sistema de competencia que es totalmente subjetivo y está fuera de su control.

- **¿Soy suficientemente bueno o buena?** Esta es otra pregunta muy común. Hay personas que siempre se están preguntando si son lo suficiente buenas y siempre están tratando de demostrar que lo son. Tienen dudas de sí mismas e inseguridades, y por eso se preguntan con frecuencia si son lo suficiente buenas.

Todas estás preguntas tienen aspectos positivos, pero también poseen aspectos profundamente negativos, y cuando te haces una pregunta como esas constantemente, la atas a tu identidad, es decir, necesitas responderla positivamente para sentirte bien, lo cual está mal.

El gran problema con la pregunta principal que normalmente nos hacemos es que la respuesta a la misma está fuera de tu control. *¿Qué piensa él o ella... o soy mejor que él o ella... o soy más hermosa que ella?* son preguntas que solo pueden responderse con circunstancias ajenas a tu control.

EJERCICIO #1

Reflexiona sobre esa *pregunta principal* que te has hecho a lo largo de toda tu vida. Tenemos varias, pero hay *una* en particular que es la principal. Defínela y escríbela.

Mi pregunta principal:

Escribe los aspectos positivos y negativos de tu pregunta principal:

Aspectos positivos	Aspectos negativos

Ahora necesitas rescribir la pregunta, cuestionándote más bien algún aspecto o circunstancia que se encuentre bajo tu control, algo que dependa de ti.

Por ejemplo, mi pregunta principal era: «¿Qué estará pensando él o ella de mí?». A pesar de que mi pregunta tenía aspectos positivos, los aspectos negativos me habían llevado a una vida de frustración e infelicidad. Así que cambié la pregunta a: *¿Cómo puedo apreciar este momento en el que estoy y ser de bendición para la persona que se encuentra conmigo?* Yo sabía que si lograba vivir mi vida buscando responder a esa pregunta diariamente, tendría una vida completa, plena y feliz. Esa fue mi nueva pregunta principal.

Algo importante a destacar es que mi nueva pregunta no depende de nadie, solo de mí.

Reescribe tu pregunta principal.

Mi nueva pregunta principal:

DÍA
9

ESTADOS EMOCIONALES

USUALMENTE DESARROLLAMOS ESTADOS EMOCIONALES BASADOS EN REGLAS QUE NO controlamos. Uno de los procesos más interesantes y poderosos para la psicología del éxito es entender esas reglas y ser capaces de reescribirlas como preceptos que beneficien nuestra vida, nuestro futuro, y nos conduzcan a donde queremos ir. El objetivo de hoy es identificar esas reglas.

EJERCICIO #1

Escribe tres *estados emocionales positivos* que experimentas regularmente durante la semana. No estamos hablando de un estado emocional que experimentaste una vez en tu vida debido a que sufriste un golpe muy fuerte, algún familiar falleció o recibiste una noticia que no esperabas. Estoy hablando de esos estados emocionales que semanalmente experimentas de una manera u otra. Algunos ejemplos de estados emocionales positivos son felicidad, plenitud, agradecimiento, gozo, paz y optimismo, entre otros. No tienes que utilizar las mismas palabras que yo, simplemente analiza una semana normal e identifica tres estados emocionales positivos que sientes con regularidad.

También escribe tres *estados emocionales negativos* que experimentas en tu semana. Nuevamente, no se trata de una situación única, sino constante. Algunos ejemplos de estados emocionales negativos pueden ser ira, rabia, depresión, ansiedad, molestia y desesperación, entre otros.

Estados emocionales positivos	Estados emocionales negativos
1.	1.
2.	2.
3.	3.

Los estados emocionales se experimentan debido a ciertas reglas que tenemos almacenadas en nuestro subconsciente. En el momento en que se cumplen esas reglas, automáticamente nuestra mente genera determinadas emociones, que no son más que el resultado de reacciones químicas que se producen en nuestro cuerpo.

Cuando una persona se siente enamorada, es debido a una reacción química que se produce en el cuerpo. Cuando una persona se siente feliz, es resultado de una reacción química que tiene lugar en nosotros. Al final, cuando se cumplen esas reglas a nivel subconsciente, el cerebro segrega ciertas sustancias, hormonas que hacen que uno experimente un determinado sentimiento o emoción. Necesitamos definir dichas reglas, pues la mayoría de las veces vivimos sin entender cuáles son.

Las reglas se identifican por medio de un proceso de reflexión. Es necesario hacerse la pregunta: *¿Cuáles son las reglas que me llevan a experimentar cada estado emocional?*

Por ejemplo, en mi caso, ¿qué tiene que suceder en mi vida para que sienta paz? Puedo decir que siento paz cuando las cosas salen como yo esperaba, eso es una regla. Siento paz cuando llega el viernes y puedo pagarles a todos mis empleados, pagarme a mí mismo, y me queda un poco de dinero en la cuenta, eso es una regla. Siento paz cuando llega el fin de semana y los vecinos no hacen una fiesta, sino que deciden pasar una noche tranquila, eso es otra regla. Estos son ejemplos de reglas que traen paz a mi vida. Lo importante es determinar cuáles son las reglas que nos llevan a esos estados emocionales positivos.

Con respecto al área de las emociones negativas, tenemos que hacernos la misma pregunta: ¿Qué reglas nos llevan a sentir esos estados emocionales negativos? Por ejemplo, cada mañana cuando salgo conduciendo el auto hacia mi trabajo, tengo que atravesar una congestión de vehículos, porque el tráfico en mi ciudad es horrible. Apenas entro en el embotellamiento, me da rabia, se me revuelve el estómago y me siento mal. Una de las reglas que me llevan a la ira es el tráfico en mi ciudad. Otro ejemplo de algo que me molesta es cuando mi vecino atraviesa su vehículo en la salida de mi casa, y como esto sucede todo el tiempo, constantemente estoy sintiendo ira y rabia. Me enfado cuando llego al trabajo, reviso mis correos electrónicos, y mi jefe me ha venido haciendo preguntas desde el domingo.

Otro ejemplo puede relacionarse con la depresión. Cuando recuerdo que mi familia está lejos, cuando no tengo trabajo, o cuando me levanto en la mañana y me doy cuenta de que me espera una semana de trabajo por delante y no me gusta lo que hago, me siento triste y decaído. Esos son ejemplos de reglas que me hacen sentir deprimido.

Todos pasamos por una serie de emociones positivas y una serie de emociones negativas durante una semana normal de nuestra vida. Usualmente no estamos todo el tiempo en el extremo positivo ni todo el tiempo en el negativo, sino que atravesamos ciclos donde algunas veces nos sentimos mejor y otras nos sentimos peor. No obstante, las reglas existen y necesitamos definirlas. Esto nos va a permitir ser conscientes de una verdad interesante que se expresará más adelante.

EJERCICIO #2

Escribe una, dos o tres reglas para cada *emoción positiva* que definiste en el Ejercicio #1. Hazte la pregunta: *¿Qué tiene que suceder en mi vida para que yo sienta* _____ *?*

Emoción positiva #1:
Reglas:

Emoción positiva #2:

Reglas:

Emoción positiva #3:

Reglas:

Escribe una, dos o tres reglas para cada *emoción negativa* que definiste en el Ejercicio #1. Hazte la pregunta: *¿Qué tiene que suceder en mi vida para que yo sienta* _____*?*

Emoción negativa #1:

Reglas:

Emoción negativa #2:

Reglas:

Emoción negativa #3:

Reglas:

DÍA
10

REESCRIBE LAS REGLAS

HOY VAMOS A APRENDER A REESCRIBIR LAS REGLAS QUE NOS LLEVAN A LOS ESTADOS EMO-cionales actuales a fin de que nos conduzcan a los estados emocionales que queremos. Es decir, tomaremos el control de nuestros estados emocionales.

Recordemos que experimentamos estados emocionales de forma regular y constante. Llegamos a esos estados emocionales porque hay una serie de reglas que residen en nuestro subconsciente, que cuando se cumplen, hacen que nuestro cerebro automáticamente genere las reacciones químicas necesarias para que sintamos esa emoción.

Sin embargo, vivimos la mayor parte del tiempo con toda esta serie de reglas que controlan nuestros estados emocionales sin ni siquiera ser concientes de cuáles son, por qué las decidimos, y qué consecuencias traen.

En el Ejercicio #2 del Día 9 escribiste las reglas que te llevaban a sentir tres estados emocionales positivos y tres negativos. Es muy probable que aquellas reglas que te conducían a estados emocionales positivos (tales como felicidad, plenitud, paz, etc.) fueran muy difíciles de seguir. Por otro lado, las reglas que anotaste que te llevaban a estados emocionales negativos (como rabia, ira, frustración, etc.) resultaban sumamente fáciles de cumplir.

Esa característica en cuanto a las reglas constituye la razón de por qué pasamos mucho más tiempo sumidos en estados emocionales negativos que positivos. Por ejemplo, si para mí sentirme motivado representa un estado positivo y la regla es: «Me siento motivado cuando mi jefe me da un reconocimiento por algo que he hecho», entonces mi estado emocional depende de lo que otra persona haga. La mayoría de los jefes no reconocen todo el tiempo el trabajo sus empleados. Como consecuencia, con esa regla nunca alcanzas el estado emocional de felicidad o motivación que deseas. Tu estado emocional obedece a una regla que es difícil de cumplir y no depende de ti.

Otra regla muy común en lo que respecta a la felicidad es: «Me siento feliz cuando las cosas salen cómo espero». ¿Qué probabilidad existe de que todo lo que ocurre en tu día y tu semana resulte como esperas? Cero. Existe un cero por ciento de posibilidad de que todo lo que quieres en la vida suceda como esperabas. Como consecuencia, obtener un estado de felicidad es casi imposible, porque tu regla no te lo permite.

Consideremos ahora a los estados emocionales negativos como la ira. Supongamos que la regla sea: «Siento ira cada vez que alguien se me atraviesa en el tráfico». Nuevamente, esto es algo que no depende de ti, y si vives en una ciudad cosmopolita con una gran cantidad de habitantes, ¿que probabilidad existe de que haya tráfico? ¿Qué probabilidad existe de que cuando haya tráfico alguien se te atraviese? Casi cien por ciento. Tu regla lo que está diciendo es que, cuando manejes, el noventa y nueve por ciento del tiempo vas a sentir ira, rabia o molestia.

Si revisas tu Ejercicio #2 del Día 9, vas a observar que las reglas que escribiste para llegar a sentir emociones positivas resultan muy difíciles de cumplir. Por lo general son cosas como: «Me siento feliz cuando las personas hacen lo que pienso que deberían hacer», lo que es prácticamente imposible; o «Me siento complacido cuando las cosas salen como yo quiero», algo bastante improbable que suceda; o «Me siento bien cuando las personas me dan un reconocimiento», un hecho que depende de otras personas; o «Me siento lleno de amor cuando mis hijos, mi familia, mi pareja y mis amigos me dicen que me quieren, que me aman, que les hago falta», pero una vez más tu estado emocional depende de las acciones de otras personas, que son muy difíciles de controlar.

Por el otro lado, las reglas para las emociones negativas son muy fáciles de cumplir. Es muy factible que te encuentres en un embotellamiento en medio del tráfico, es muy posible que alguien te diga una mala palabra, es muy probable que alguien haga lo contrario a lo que tú querías, y es muy fácil conocer a una persona que tenga un pensamiento político o religioso diferente al tuyo.

Establecemos reglas muy difíciles de cumplir para llegar a sentir las emociones positivas (que normalmente dependen de otros) y muy fáciles de cumplir para llegar a las emociones negativas. Esa es la razón por la cual sentimos constantemente emociones negativas y muy rara vez positivas.

La clave está en entender esas reglas y saber cómo reescribirlas de modo que funcionen para ti. ¿Cómo las reescribes? *De una manera en que las positivas sean fáciles de cumplir y las negativas resulten difíciles.*

En el ejercicio de este día reescribirás cada una de las reglas que te llevaban a las tres emociones positivas y negativas utilizando un modelo que diseñé y que detallaré a continuación (también puedes escoger nuevas emociones positivas que quieras experimentar en tu vida).

Emociones positivas

En mi caso particular, el primer estado emocional que anoté lo designé «energía a través de la salud», y escribí: *En cualquier momento que me alimente sanamente, o haga ejercicio, o descanse o me anime a extender mis límites físicos, me voy a sentir lleno de energía.*

Es importante destacar que utilicé una «o», no una «y». No se trata de que me alimente sanamente *y* haga ejercicio *y* descanse *y* me anime a extender mis límites físicos, sino de que haga una cosa o la otra. ¿Por qué empleo una «o»? Porque quiero hacer que resulte lo más fácil posible para lograr sentirme con energía.

El segundo estado emocional al que quiero llegar es a «sentirme lleno de amor». Escribí lo siguiente: *En cualquier momento que recuerde que Dios es amor y Él está en mí, o actúe con amor, o sea testigo del amor o sea amado, o recuerde que el amor es mi esencia, o sea compasivo o testigo de la compasión, voy a sentirme lleno de amor.*

Para mí, sentir amor es muy fácil, porque cada vez que experimente una de estas cosas (no necesariamente todas), voy a sentirme lleno de amor. Vamos por partes, el hecho de que recuerde que *Dios es amor y Él está en mí* depende solo de mi persona, no de alguien más. Tomar la decisión de *actuar con amor* también depende solo de mí. Incluí entre mis reglas que yo *sea testigo del amor o sea amado* porque a pesar de que eso no depende de mí, quiero desarrollar mi capacidad de ver el amor que hay entre las personas. Recordar que *el amor es mi esencia* y que debo *ser compasivo* son cosas que dependen de mí que me harán sentir amor, así como también *ser testigo de la compasión de los demás.* Cuando cualquiera de esas reglas se cumple, siento amor. De alguna manera, el hecho de sentir amor está bajo mi control.

Te comento otra de mis reglas, que se relaciona con «el agradecimiento». Quiero sentirme siempre agradecido. *En cualquier momento que recuerde que todo es un regalo, o sea testigo de la gracia en mí y en otros, o tenga éxito en algo, o me sienta amado, voy a sentir agradecimiento.* Vamos por parte otra vez. Percibir *todo como un regalo* depende de mí. *Ser testigo de la gracia en mí y en otros*, que vea la gracia en acción, depende de mí, y eso me llena de agradecimiento también. Cada vez que *tenga éxito en algo* y me vaya bien me voy a sentir agradecido. Y aunque está conectada con la anterior, en cualquier momento que *me sienta amado* me voy a llenar de agradecimiento.

He aquí una más, que tiene que ver con la «pasión». Sentirme apasionado en la vida es uno de los estados emocionales que quiero experimentar constantemente, así que establecí esta regla muy sencilla: *Siempre que abra mis ojos a un nuevo día voy a sentir pasión.* No hay más condiciones, es decir, en el momento en que abro mis ojos a un nuevo día, automáticamente me siento apasionado.

Emociones negativas

También es necesario escribir cuáles son las reglas de las *emociones negativas* de una manera que sean difíciles de cumplir. Mientras que las reglas de las emociones positivas deben ser fáciles de cumplir a fin de alcanzar esos estados emocionales deseados, las negativas deben ser difíciles de cumplir para que podamos evitarlos.

Por ejemplo, consideremos «la ansiedad constante». La ansiedad es una emoción que no quiero sentir, así que escribí: *Me sentiré ansioso si y solo si constantemente creyera la ilusión de que lo peor va a suceder, y que esa ilusión es real y no hay futuro, en lugar de la verdad de que la falta de certeza es lo que le trae pasión a la vida y siempre podré lidiar con cualquier cosa que me suceda.*

Me explico un poco: sentiré siempre ansiedad solo si constantemente (todo el tiempo, no una o dos veces) creyera de que lo peor va a suceder (mentira), que esa ilusión es real (mentira) y no hay futuro (mentira), en lugar de la verdad de que la falta de certeza es lo que le trae pasión a la vida (verdad) y siempre podré lidiar con cualquier cosa que me suceda (verdad).

He aquí otro ejemplo relacionado con «la depresión». Estaré deprimido sí y solo si constantemente creyera la ilusión de que no hay solución (mentira), de que el problema es permanente (mentira) y de que afecta todas las áreas de mi vida (mentira), en lugar de la realidad de que la vida sucede *para* mí, no *a* mí (verdad), y que los problemas son bendiciones (verdad).

Y otro con respecto al «miedo paralizante». Sentiré miedo sí y solo si constantemente creyera la ilusión de que voy a fracasar (mentira) en lugar de la verdad de que el miedo es usualmente un indicador de Dios y la vida para guiarme en mi jornada.

Un último ejemplo acerca de «la envidia». Sentiré envidia solo si constantemente creyera la ilusión de que si otros tienen éxito, eso significa que son mejores que yo (mentira), en lugar de la verdad de que existe una abundancia infinita que Dios y la vida me ofrecen cada día.

Quiero que escojas tres estados emocionales positivos que quieras sentir constantemente y establezcas reglas que sean sencillas de cumplir. Luego, escoge tres estados emocionales negativos que sientas constantemente y establece reglas, como expliqué arriba, difíciles de cumplir.

EJERCICIO #1:

Escribe tres emociones *positivas* que quieras sentir constantemente (no es necesario que sean las mismas que anotaste en el Ejercicio #1 del Día 9) y establece reglas para ellas que sean *sencillas* de cumplir.

Emoción positiva #1:
Regla: En cualquier momento que...   Me sentiré...

Emoción positiva #2:

Regla:

En cualquier momento que...

Me sentiré...

Emoción positiva #3:

Regla:

En cualquier momento que...

Me sentiré...

Escribe tres emociones *negativas* que no quieras sentir constantemente y escribe reglas para ellas que sean *difíciles* de cumplir.

Emoción negativa #1:

Regla:

Me sentiré... solo si constantemente creyera la ilusión de que...

En lugar de la verdad de que...

Emoción negativa #2:

Regla:

Me sentiré... solo si constantemente creyera la ilusión de que...

En lugar de la verdad de que...

Emoción negativa #3:

Regla:

Me sentiré... solo si constantemente creyera la ilusión de que...

En lugar de la verdad de que...

Este proceso de reescribir las reglas va a empezar a reprogramar tu mente y te llevará a los estados emocionales que quieres alcanzar. Más adelante, los mismos serán integrados al sistema nervioso para que se conviertan en una realidad en tu vida.

EJEMPLO DE MIS ESTADOS EMOCIONALES Y SUS REGLAS:

Estados emocionales positivos	Estados emocionales negativos
Energía a través de la salud: *En cualquier momento que* (a) me alimente sanamente, (b) haga ejercicio, (c) descanse o (d) me anime a extender mis límites físicos, *me sentiré* con energía. **Amor:** *En cualquier momento que* (a) recuerde que Dios es amor y Él está en mí, (b) actúe con amor, sea testigo del amor o sea amado, (c) recuerde que el amor es mi esencia o (d) sea compasivo o testigo de la compasión, *me sentiré* lleno de amor.	**Estado sostenido de depresión:** *Me sentiré* deprimido *solo si constantemente creyera la ilusión de que* no hay solución, el problema es permanente y este afecta todas las áreas de mi vida, *en lugar de la verdad de que* la vida sucede para mí, no a mí, y los problemas son bendiciones. **Ansiedad constante:** *Me sentiré* ansioso *solo si constantemente creyera la ilusión de que* lo peor va a suceder, y que esa ilusión es real y no hay futuro, *en lugar de la verdad de que* la falta de certeza es lo que le trae pasión a la vida y siempre podré lidiar con cualquier cosa que me suceda.

Estados emocionales positivos	Estados emocionales negativos
Agradecimiento: *En cualquier momento que* (a) recuerde que todo es un regalo, (b) sea testigo de la gracia en mí y en otros, (c) tenga éxito en algo, o (d) sea amado, *me sentiré* agradecido.	**Miedo paralizante:** *Me sentiré* con miedo *solo si constantemente creyera la ilusión de que* voy a fracasar, *en lugar de la verdad de que* el miedo es usualmente un indicador de Dios y la vida para guiarme en mi jornada.
Paz: *En cualquier momento que* (a) tenga consciencia del presente, (b) sea testigo de la gracia de Dios, (c) tenga un tiempo de meditación, o (d) recuerde que todo el mundo es inocente al nivel del alma, *me sentiré* en paz.	**Fracaso masivo:** *Me sentiré* fracasado *solo si constantemente creyera la ilusión de que* el fracaso es malo, permanente y traerá vergüenza a mi vida, *en lugar de la verdad de que* el fracaso me ofrece un aprendizaje invaluable y me ayuda a ser una inspiración para otros.
Aventura: *En cualquier momento que* (a) no esté seguro del desenlace, o (b) me acostumbre al mundo ordinario, *me sentiré* con un espíritu de aventura.	**Envidia:** *Me sentiré* envidioso *solo si constantemente creyera la ilusión de que* si otros tienen éxito, eso significa que son mejores que yo, *en lugar de la verdad de que* existe una abundancia infinita que Dios y la vida me ofrecen cada día.
Pasión: *En cualquier momento que* abra mis ojos a un nuevo día, *me sentiré* apasionado.	**Culpa:** *Me sentiré* culpable *solo si constantemente creyera la ilusión de que* mis barreras y fracasos son culpa de otros, *en lugar de la verdad de que* la vida está sucediendo para mí.
Éxito: *En cualquier momento que* (a) logre una meta, (b) haga mi mayor esfuerzo, (c) expanda mis límites, o (d) inspire a otra persona a crecer, *me sentiré* exitoso.	
Sentido del humor: *En cualquier momento que* tenga la oportunidad de traer alegría y felicidad a una situación, *me sentiré* con sentido del humor.	
Curiosidad: *En cualquier momento que* (a) tenga consciencia de un concepto nuevo e interesante, (b) conozca a alguien, o (c) eleve mi nivel de consciencia, *me sentiré* curioso.	
Disciplina: *En cualquier momento que* me sienta cansado o con ganas de postergar o renunciar a una tarea o proyecto importante, me sentiré motivado a disciplinarme	

DÍA 11

PENSAMIENTOS LIMITANTES

EL TEMA DE HOY TRATA ACERCA DE LOS *PENSAMIENTOS LIMITANTES.* LOS MISMOS SON creencias que tenemos grabadas en nuestro subconsciente, las cuales limitan nuestro crecimiento y nuestra capacidad de llegar al próximo nivel.

La mejor manera de explicar esto es estableciendo un paralelismo con el proceso de funcionamiento de un termostato. Muchos de nosotros tenemos un termostato en nuestras casas. Cuando vivíamos en Cincinnati (un lugar donde se experimentan las cuatro estaciones y hay un invierno terrible y un verano muy caliente), teníamos un termostato que regulaba la temperatura de la casa. Ese termostato estaba conectado a una calefacción y a un sistema de aire acondicionado. Nosotros establecíamos la temperatura en 25 grados centígrados. Cuando estábamos en verano y el sol pegaba en la casa, la temperatura subía de 25 grados a 28, 29 y 30 grados, así que el termostato hacía que se disparara el equipo del aire acondicionado, el cual empezaban a bajar la temperatura nuevamente hasta los 25 grados centígrados.

Cuando llegaba el invierno, la temperatura bajaba de 25 grados a 23, 22 y 21 grados centígrados. Al llegar a esos niveles, el termostato disparaba la calefacción, que empezaba a despedir aire caliente y elevaba la temperatura nuevamente hasta los 25 grados.

Un termostato es un dispositivo que mantiene la temperatura de tu casa constante. Los pensamientos limitantes son los termostatos de nuestra vida. *Los mismos mantienen una alineación entre lo que tú crees que eres y la realidad.* La mente no puede manejar una dicotomía, una diferencia muy grande, entre lo que tú crees que eres y la realidad. Por ello, esta va a buscar de una manera subconsciente que hagas lo que tienes que hacer, o cometas los errores que tienes que cometer, para que siempre estés alineado con la realidad de lo que crees que eres.

Por ejemplo, si una persona piensa que tener dinero es malo, nunca la verás con un gran capital. ¿Qué es lo que la mente a nivel subconsciente va a hacer? Alejarla de las oportunidades para conseguir dinero. El subconsciente, que es el lado más poderoso de nuestra mente, va a conseguir esa alineación entre lo que esa persona cree que es verdad y su realidad.

Es importantísimo entender cuáles pensamientos limitantes están condicionando tu vida, porque en el momento en que los detectes, empieza a romperse esa conexión que el cerebro tiene entre el pensamiento y la realidad.

En el siguiente ejercicio vas a ver una lista de pensamientos limitantes. Es importante que reflexiones si alguno de ellos está impidiendo que llegues al siguiente nivel.

EJERCICIO #1

Marca con una X aquellos pensamientos limitantes que sientes que están afectando tu vida. No tienes que restringirte a los descritos en la lista.

Pensamientos limitantes	x
No sabría ni por dónde empezar.	
Ya es demasiado tarde.	
No puedes querer tener el pastel y también comértelo.	
Yo no soy del tipo de persona que se motiva a sí misma.	
Postergo las cosas todo el tiempo.	
Tengo demasiadas responsabilidades.	
Debería estar más adelantado hoy en día.	
Si elevo mis esperanzas, mi decepción será aún mayor.	
Nunca ha funcionado antes.	

Pensamientos limitantes	x
No termino nunca nada.	
Nadie lo ha hecho antes.	
No soy organizado.	
Nunca he podido manejar mi tiempo bien.	
No soy lo suficiente extrovertido.	
No tengo seguridad en mí mismo.	
Si las personas realmente me conocieran, no les gustaría.	
No me siento bien conmigo mismo si no tengo la aprobación de las personas.	
Yo nunca voy a ser feliz hasta que la otra persona (cónyuge, padres, hijos, ex, amigos) cambie.	
Sería egoísta si antepongo mis necesidades a las necesidades de los demás.	
Es egoísta disfrutar de la vida mientras que otras personas están sufriendo.	
Nada realmente cambia.	
Es mejor estar seguro que lamentarse después.	
Realmente no soy una buena persona y no merezco ser feliz.	
Siempre llego tarde.	
Cocino horrible.	
Dale a alguien una pulgada y se llevará una milla.	
Los hombres / las mujeres son débiles.	
No puedes confiar en los hombres / mujeres.	
De todas formas el amor nunca dura.	
No tengo suerte.	
Siempre me enfermo en el invierno.	
La vida es dura.	
Soy demasiado gordo / delgado / bajo / alto / calvo / feo / joven / viejo...	
No tengo suficiente tiempo / paciencia / educación / experiencia / habilidad / imaginación / talento...	
Soy muy torpe / tonto / desconsiderado / fracasado / perdedor / cobarde...	
El dinero es la raíz de todo mal.	
El dinero está allí para gastarlo.	

Pensamientos limitantes	x
El rico se hace más rico y el pobre se hace más pobre.	
Sencillamente no soy bueno con el dinero.	
Mi familia nunca ha sido rica.	
Mi familia siempre ha sido pobre.	
Solamente hay dinero para lo esencial.	
La única manera de obtener riquezas es trabajando duro.	
El tiempo es dinero.	
O eres rico o eres feliz.	
O eres rico o tienes salud.	
Es egoísta querer ser rico cuando hay tantas personas que son pobres.	
Es mejor dar que recibir.	
Si me hago rico, mis amigos no sentirían lo mismo por mí.	
Otros...	

DÍA
12

UNA VISIÓN PARA TU VIDA

HOY VAMOS A HABLAR DE UNA VISIÓN PARA TU VIDA Y PARA CADA UNA DE LAS ÁREAS DEL desarrollo humano: la salud, el tiempo, las finanzas, la profesión o el negocio, las relaciones, la mente y el espíritu.

¿Cuál es la visión que tienes para tu vida en cada una de esas áreas?

¿Cuál es la visión tienes en el área de *la salud*? ¿Sentirte con energía y sano? ¿Ser una persona que se levanta todos los días y sale a hacer ejercicio o practicar deportes?

¿Cuál es tu visión en el área del *tiempo*? ¿Cómo quisieras vivir tu vida a fin de tener el tiempo para hacer lo que quieres? ¿Qué cosas harías que ahora no puedes hacer? ¿Cómo te asegurarías de que tienes bastante tiempo?

¿Cuál es tu visión en el área de *las finanzas*? ¿Quieres ser libre financieramente o ser millonario? Estas son dos cosas distintas. Ser libre financieramente tiene que ver con la relación entre tus ingresos y egresos, que te permite mantener tu nivel de vida sin tener que volver a ir a trabajar. Ser millonario tiene que ver más con la cantidad de dinero que posees.

¿Cuál es tu visión en el área de *la profesión o los negocios*? ¿Quieres llegar a ser presidente, director o montar tu propio negocio? Si eres una persona que está dedicada al negocio multinivel, ¿quieres llegar a ser diamante, platino, ejecutivo? ¿Cuál es tu visión para dentro de dos o cinco años?

¿Cuál es tu visión en el área de *la mente*? Cuando hablo de la mente me refiero a esa necesidad de crecer intelectualmente, a esa curiosidad que muchos sentimos y nos hace querer saber más, aprender más. ¿Cuál es tu visión en el ámbito intelectual? ¿En que te quieres convertir intelectualmente?

¿Cuál es tu visión en el área del *espíritu*? Todos tenemos una creencia, todos tenemos una vida espiritual, todos necesitamos conectarnos con nuestro espíritu. ¿Cómo sería esa visión en el área espiritual? ¿Qué prácticas llevarías a cabo? ¿Qué rituales podrías realizar a fin de desarrollar esa visión que tienes para tu vida?

EJERCICIO #1

El ejercicio de hoy consiste en escribir cuál es la visión que tienes para cada una de las áreas del desarrollo humano:

Área del desarrollo humano	Visión
Salud	
Tiempo	
Finanzas	
Profesión o negocio	
Relaciones	
Mente	
Espíritu	

DÍA 13 Y 14

FIN DE SEMANA

Mi gran victoria esta semana fue:

Mi reto o problema esta semana fue:

Una posible solución al problema es:

Mi gran aprendizaje de la semana fue:

La razón #1 por la que estoy agradecido esta semana que pasó es:

El objetivo principal que voy a lograr la próxima semana es:

DÍA
15

METAS

EL TEMA QUE VAMOS A DISCUTIR HOY SON *LAS METAS*. EN EL EJERCICIO DEL DÍA ANTERIOR definiste una visión para cada una de las áreas del desarrollo humano. Hoy tenemos que tomar esa visión y transformarla a una meta que quieres lograr en esa área específica.

Las metas necesitan tener ciertas características. Estas precisan ser *medibles*, es decir, debemos ser capaces de medir si las logramos o no. Por ejemplo, si tu meta es rebajar 5 kg en tres meses, al cabo de los tres meses tú vas a saber si los rebajaste o no. Las metas ambiguas como: «Quiero ser más generoso», no funcionan. Hay que definirlas de una manera que nos permita medirlas.

Otra característica de las metas es que tienen que *contar con una fecha límite de cumplimiento*. Si no tienen una fecha tope, lograrlas siempre será parte de tu futuro.

Una tercera característica de las metas es que deben *ser realistas, pero también optimistas*. El hecho de establecer una buena meta tiene que ver con la capacidad de que la misma haga que te extiendas para llegar a un límite, pero que no resulte tan inalcanzable que sea irreal y te desmotive. Por ejemplo, si mi meta este año fuera participar en los juegos olímpicos como corredor, sería una meta imposible para mí, porque no soy un atleta y nunca he entrenado para correr. Aunque es un ejemplo extremo, sirve para mostrarte que la meta debe obligarte a esforzarte y crecer, pero no a un punto que sea ilusorio.

Lo contrario también sucede. Si la meta es muy sencilla de cumplir, pierdes motivación. Si mi visión es que quiero ser más generoso y mi meta consiste en donar un dólar por mes durante los próximos doce meses, con mi situación financiera actual, donar un dólar al mes es básicamente nada. Esa meta no va a tener un impacto en mi vida, no me va a obligar a crecer, no me va a forzar a desarrollarme. De igual manera, si dijera que para ser generoso voy a donar diez mil dólares mensuales por un año, esto se convertiría en una meta tan grande e imposible de cumplir que perdería la motivación. El secreto está en determinar ese punto donde es necesario que te esfuerces, pero no tanto que te desmotive. Debemos ser realistas, pero optimistas al mismo tiempo.

Una cuarta característica de una meta es que tiene que estar *dirigida a la acción*. Es decir, cuando la escribes, resulta claro por completo que requieres acción para lograrla.

Recomiendo escribir *una* meta por área del desarrollo humano. En algunas áreas, como la de la profesión y los negocios, podemos necesitar más de una meta, pero no te excedas de dos. Hay una regla que dice: «Cuando las personas establecen una meta, logran una. Cuando establecen dos metas, logran dos. Cuando establecen tres metas, logran dos. Cuando se establecen diez metas, logran dos. Cuando establecen cincuenta metas, logran dos». Por eso yo recomiendo definir solo una o dos en cada una de las áreas del desarrollo humano.

Este es el proceso de transformar una visión en una meta específica que sea medible, tenga una fecha límite de cumplimiento, esté dirigida a la acción y sea realista, pero optimista a la vez.

EJERCICIO #1

Para cada una de las áreas del desarrollo humano, transforma la visión que escribiste en el ejercicio del Día 12 en una o dos metas. Recuerda que las metas deben ser medibles, tener una fecha límite de cumplimiento, ser realistas (pero también optimistas) y estar dirigidas a la acción.

Área del desarrollo humano	Meta
Salud	
Tiempo	
Finanzas	
Profesión o negocio	
Relaciones	
Mente	
Espíritu	

DÍA
16

METAS REZAGADAS Y METAS PROACTIVAS

EN EL DÍA ANTERIOR ESTUVIMOS HABLANDO SOBRE LAS METAS Y TE PEDÍ QUE ESTABLE-cieras una (máximo dos metas) para cada área del desarrollo humano. También te comenté que las metas tienen que ser medibles, tener una fecha de cumplimiento, ser realistas (pero también optimistas) y dirigirte a la acción.

Hoy quiero explicar los conceptos de *metas rezagadas* y *metas proactivas*. Hay una diferencia entre una meta rezagada y una meta proactiva. Ambas son importantes y ambas son necesarias. Nunca puedes llegar a una meta proactiva si primero no defines una meta rezagada.

En el ejercicio del Día 15 definiste tus metas rezagadas. Sin embargo, ¿qué son las metas rezagadas? Son aquellas en las cuales no controlas directamente los resultados, sino que tienes que hacer actividades y acciones que te van a llevar a su cumplimiento. Por ejemplo, si una de las metas que estableciste es: «Bajar 10 kg de peso en tres meses», esta no es una meta donde tienes el control directo, pues tú no manejas tu peso de forma automática. No obstante, sí manejas dos variables que afectan tu peso, que son lo que comes y el ejercicio que haces. Si comes de manera saludable y haces ejercicio, vas a poder controlar tu peso. Alcanzar un determinado peso corporal es una meta rezagada, pues siempre va detrás de acciones que tienes que ir haciendo para lograrlo.

Déjame darte otro ejemplo. Tú puedes haber establecido como meta: «Quiero que mi negocio obtenga $10.000 en ventas para el mes X». La venta per se no es una acción que controlas, porque al final el que decide comprar o no es el cliente, no tú. Así que vender los $10.000 en el mes X es una meta rezagada. Sin embargo, hay ciertas acciones que si las cumples te van a llevar a vender $10.000. ¿Cuáles son esas acciones? Por ejemplo, llamar a tus antiguos clientes para ofrecerles un producto nuevo, o llamar a nuevos clientes para brindarles tus servicios. Estas son dos acciones sobre las que sí tienes control. A medida que estudias el ciclo de ventas, te das cuenta de que si haces cincuenta llamadas, logras diez oportunidades de presentar tu producto, y en esas diez oportunidades dos personas lo compran. Ahora sabes que si haces un gran número de llamadas, conseguirás suficientes personas que compren tus productos.

Ahora bien, la *meta proactiva* es la acción de hacer las llamadas telefónicas que te van a llevar a la *meta rezagada*, que es la venta.

Es importante entender este concepto y la diferencia entre una meta rezagada y una meta proactiva. Comer un máximo de 1.500 calorías al día es una meta proactiva. Yo decido lo que como y el número de calorías diarias. Hacer ejercicios tres veces a la semana es una meta proactiva. Yo decido salir a hacer ejercicios tres veces a la semana. Mi peso es una meta rezagada, porque viene después, es una consecuencia de mis acciones. Tener la habilidad de correr un maratón en menos de cuatro horas es una meta rezagada, pero mi meta proactiva de salir diariamente a trotar me va a llevar a poder cumplir mi meta rezagada, que es correr el maratón en el tiempo indicado.

La idea de hoy es transformar una meta rezagada en una meta proactiva, porque la meta rezagada, como su nombre lo indica, viene después. Si nos enfocamos solamente en la meta rezagada de bajar de peso, y al llegar la fecha límite te pesas y no lo lograste, ya es muy tarde. Si llegas al día en que te habías propuesto realizar ventas por $10.000, y revisas tus estados de cuentas y la cifra no se alcanzó, ya es demasiado tarde. Resulta importante entender que la meta rezagada tiene que ser traducida como una meta preactiva, porque esta última es *la acción que controlas y te va a llevar a la meta rezagada*.

Usualmente cada meta rezagada tiene una o dos acciones proactivas que tienes que realizar para cumplir tu propósito.

El área de la salud normalmente tiene que ver con hacer ejercicios, comer sano, ingerir cierto número de calorías o determinados tipos de comida. El área de los negocios por lo general se relaciona con hacer contactos en frío, realizar llamadas telefónicas, innovar productos y servicios, entre otras cosas. El área de las relaciones habitualmente implica salir con esa persona elegida y tener un tiempo de calidad, ir a cenar con la familia una vez a la semana, o comer todas las noches juntos en familia. Esas acciones que sí controlamos son las que nos van a llevar a cumplir las metas rezagadas y como consecuencia nuestra visión de vida.

Insisto, *una clase de meta no es mejor que la otra, necesitas las dos.* Si no definimos las metas rezagadas, no podemos definir las metas preactivas. Esto requiere contestar la pregunta: *¿Cuál es la acción que depende de ti y vas a realizar con cierta frecuencia (a diario, semanalmente o cada mes) que te va a llevar a alcanzar la meta rezagada?*

Otra característica de las metas proactivas es que se contestan binariamente: *sí* o *no*. Lo hiciste o no lo hiciste. Es negro o blanco, no hay tonalidades grises. Por ejemplo, si estableces como meta proactiva comer menos de 1.500 calorías diarias, cuando revisas al final del día, ¿lo hiciste o no lo hiciste? ¿Sí o no? Si estableces como meta proactiva ejercitarte treinta minutos tres veces a la semana, al final de la semana, ¿lo hiciste o no? ¿Sí o no? Si te ejercitaste dos días es «no». Si lo hiciste un día es «no». Si hiciste ejercicio tres días o más es «sí». En lo que respecta a tu negocio, si estableces como meta proactiva que vas a hacer veinte contactos en frío al día y veinte llamadas a clientes existentes o potenciales al día, al final te puedes preguntar si realizaste las veinte llamadas o no. ¿Sí o no?

EJERCICIO #1

El ejercicio de hoy es muy sencillo. Ayer escribiste tus metas rezagadas, las cuales eran medibles, tenían fecha límite de cumplimiento, eran realistas (pero optimistas) y te dirigían a la acción. En este ejercicio, para cada una de las metas rezagas de las siete áreas del desarrollo humano, escribe *una* (máximo dos) meta proactiva que te va a permitir cumplir esa meta rezagada que quieres alcanzar.

Área del desarrollo humano	Meta proactiva
Salud	
Tiempo	
Finanzas	
Profesión o negocio	
Relaciones	
Mente	
Espíritu	

DÍA
17

REGLAS DEL DOLOR Y EL PLACER

HEMOS HABLADO DE LAS METAS Y SUS CARACTERÍSTICAS. EXPLICAMOS LO QUE ERAN LAS metas rezagadas y las metas proactivas. Hicimos un trabajo de traducción de las metas rezagadas a las metas proactivas, ya que estas últimas son las que controlamos directamente y podemos medir con un simple *sí* o *no*.

Cuando empiezas a trabajar en tus metas proactivas y las acciones diarias, semanales o mensuales que te propusiste, te vas a dar cuenta de que poco a poco va a empezar una lucha dentro de ti a fin de que renuncies a tu meta. Habrá momentos en los que te sabotearás a ti mismo, perderás la emoción y el entusiasmo y vas a decaer. Lo que sucede es que cuando pones en práctica tus metas proactivas con la frecuencia que decidiste hacerlo, estás formando nuevos hábitos, estás creando nuevos patrones neuronales en tu cerebro que con el tiempo y la práctica van a lograr que todas esas acciones se lleven a cabo de forma automática. Esa es la razón de la resistencia.

Imagina el momento en que todas esas metas proactivas que escribiste se transformen en hábitos y funcionen para ti en piloto automático. Si estableciste la meta proactiva de comer de una manera sana y hacer ejercicios una o dos veces a la semana, en el momento en que se cree el hábito, serás indetenible. Imagina si estableciste la meta de leer quince minutos al día un libro nuevo (lo que significa aproximadamente un capítulo al día, dos libros al mes, veinticuatro libros al año), serás indetenible. Si te pusiste la meta de hacer veinte llamadas en tu negocio cada día, cuando esto se transforme en un hábito, tendrás veinte nuevos clientes potenciales, que darán lugar a diez presentaciones, las cuales te proporcionarán una o dos ventas diariamente, y serás indetenible. Alcanzarás el éxito a medida que conviertas las metas proactivas en hábitos.

Al hablar de hábitos hay un aspecto a tener en cuenta que resulta muy importante: *las reglas del dolor y el placer que dominan tus acciones.*

Cuando empiezas a construir un nuevo hábito, en el momento en que empiezas a actuar de acuerdo a tus metas proactivas, empiezan a surgir las reglas del dolor y el placer que van a dominar tus decisiones, tus acciones, y como consecuencia tu destino. Las reglas del dolor y el placer van a dominar ese proceso.

El principio de estas reglas del dolor y el placer se basa en lo siguiente: *nuestra mente siempre está buscando el placer o evitando el dolor.* Cuando empiezas a cansarte, pierdes motivación y renuncias a una meta proactiva, la razón es que *el dolor y el placer del estancamiento vencieron al dolor y el placer del progreso.*

Nosotros siempre vamos a movernos buscando placer o eliminando el dolor. La diferencia está en si actuamos para buscar el placer y eliminar el dolor del *estancamiento*, o para buscar el placer y eliminar el dolor del *progreso*.

¿Qué es lo que en realidad sucede? Si decides que vas a comer sanamente y tu meta proactiva es ingerir menos de 1.500 calorías al día, y que de esas 1.500 calorías diarias solo un 10% serán carbohidratos, tal vez llegues a tu oficina, veas un pastelillo que te provoque y te lo comas. Cuando te lo comes, lo haces por una razón: tu cerebro está buscando placer. ¿Cuál es el placer? El pastelillo. Y tu cerebro está evitando el dolor. ¿Cual es el dolor que evita? No comerte el apetitoso pastelillo.

Por otro lado, como quieres realmente moverte experimentando el dolor y el placer del progreso y no del estancamiento, decides evitar el pastelillo. Aquí también estás buscando el placer y evitando el dolor, solo que se trata de un placer y un dolor diferentes. ¿Cuál es el dolor que estás evitando? El dolor que ocasiona tener problemas de colesterol, diabetes, alta presión arterial y, llevándolo al extremo, que sufras un ataque cardíaco. Ahora bien, ¿cuál es el placer que estás buscando? El placer que buscas es sentirte con energía, estar presente para tu familia, tus hijos y seres queridos, sentir tu mente fresca y activa todo el tiempo.

La clave está en reenfocar a nuestra mente para buscar el placer y evitar el dolor del progreso, y no del estancamiento.

Algo similar sucede cuando quieres hacer ejercicios. Al sonar el despertador a las seis de la mañana, tu cerebro inmediatamente buscará el placer y evitará el dolor. Si tu cerebro está regido por el estancamiento, preferirás quedarte debajo de las sábanas por una hora más. Si está regido por el progreso, te levantarás con energía y motivación para salir a hacer tus ejercicios.

Es importante saber cuáles son las reglas del dolor y el placer del estancamiento y cuáles son las reglas del dolor y el placer del progreso para las metas proactivas principales que escogiste en el Día 16.

Por ejemplo, si vas a salir a contactar nuevos clientes para tu negocio, puedes ser que sientas miedo, pereza y tal vez no quieras hacerlo. Entonces pregúntate: ¿cuál es el dolor que estoy evitando y cuál es el placer que estoy buscando quedándome estancado? Posiblemente el dolor que estás evitando es el que causa el rechazo. ¿Cuál es el placer que estoy obteniendo cuando decido no hacer las llamadas? El placer de ponerme a ver una serie de televisión, descansar, tomar una siesta, o hacer cualquier otro tipo de actividad que me produzca más satisfacción que llamar a potenciales clientes que me pueden rechazar.

Ahora bien, ¿cuál es el dolor que evitas y el placer que logras en el progreso? El primer dolor que evitas es el de un negocio estancado, el de no alcanzar tus sueños y sentirte un fracasado toda la vida en tu meta como emprendedor. Por otro lado, ¿cuál es el placer que estás buscando? El placer de alcanzar tu sueño, de lograr tu meta. Imagínate que tu negocio crezca al nivel que sueñas. Imagínate el potencial financiero que te ofrecerá un negocio en crecimiento. Ese es el placer que buscas.

En el momento en que defines el dolor y el placer del estancamiento y el dolor y el placer del progreso, tu cerebro se empieza a reprogramar para generar las emociones correctas (energía, valentía, seguridad) versus las emociones incorrectas (temor, miedo, pereza).

Un consejo que te voy a dar en esta área es el siguiente: como lo que estamos haciendo es una reprogramación mental, mientras más poderoso, exagerado y extremo sea el dolor que evitas y el placer que buscas en el progreso, más rápido tu mente va a generar la reprogramación.

Por ejemplo, en el caso de los ejercicios, no es lo mismo decir que uno de los dolores que voy a evitar es «el malestar en las piernas» versus «una enfermedad que me hará fallecer antes de tiempo y dejar a mis hijos solos». A pesar de estar exagerando, la realidad es que las personas que comen mal y no hacen ejercicios tienen una probabilidad más alta morir antes de tiempo, sufrir un ataque cardíaco, etc.

Trata siempre de llevar el dolor y el placer al extremo en el área del progreso para que tu cerebro, que no sabe si es verdad o mentira (o una exageración), se reprograme más rápidamente. Si lo que te motiva en el área del progreso, ya sea el dolor que estás evitando o el placer que estás buscando, son cosas poderosas, la reprogramación se va a generar mucho más rápido y mucho más rápido vas a sentir las emociones que te impulsan hacia delante a fin de lograr tus compromisos para este año.

EJERCICIO #1

En al menos una o dos de las metas proactivas que anotaste en el ejercicio del Día 12 para cada una de las áreas del desarrollo humano, escribe el dolor que estás evitando al no cumplir la meta proactiva y el placer que estás buscando al no cumplir dicha meta. Es decir, el placer y el dolor asociados al *estancamiento*.

Estancamiento

Área	Dolor evitado al NO cumplir la meta proactiva	Placer obtenido al NO cumplir la meta proactiva
Salud		
Tiempo		
Finanzas		

Área	Dolor evitado al NO cumplir la meta proactiva	Placer obtenido al NO cumplir la meta proactiva
Profesión o negocio		
Relaciones		
Mente		
Espíritu		

EJERCICIO #2

En al menos una o dos de las metas proactivas que escribiste en el ejercicio del Día 16 en cada una de las áreas del desarrollo humano, escribe el dolor que estás evitando al sí cumplir la meta proactiva y el placer que estás buscando al sí cumplir dicha meta. Recuerda exagerar cuando describas el dolor que evitas y el placer que logras al dar el paso.

Progreso

Área	Dolor evitado al cumplir la meta proactiva	Placer obtenido al cumplir la meta proactiva
Salud		
Tiempo		
Finanzas		
Profesión o negocio		
Relaciones		
Mente		
Espíritu		

DÍA
18

TABLA DE EVALUACIÓN DEL PROGRESO

HOY ES UN GRAN DÍA, YA QUE VAMOS A RESUMIR CASI TODO LO QUE HEMOS HECHO HASTA el momento. Vamos a colocarlo todo en una sola tabla que nos ayudará a medir nuestro progreso, así como a asegurar y maximizar las probabilidades de que alcances todo lo que te propusiste este año.

Una de las características de las personas que logran sus metas es que evalúan y ajustan, y esta herramienta que ideé para ti te va a permitir a evaluar tu progreso y hacer ajustes.

Es muy importante ejecutar, evaluar y ajustar. Si estás presentando tres planes de negocio al día y en diez días no has conseguido ningún resultado, necesitas preguntarte: *¿Esto me va a llevar a la meta rezagada que quiero?* Y como la respuesta es no, debes hacerte otras preguntas como: *¿Será que estoy presentando mal el plan de negocios? ¿Será que necesito a un mentor que vaya conmigo y me instruya? ¿Será que en vez de tres presentaciones tengo que hacer cinco? ¿Será que en vez de hacerlo uno a uno necesito reunir a todo un grupo?* Es un proceso de evaluación y reajuste para luego continuar con la meta proactiva.

Igual sucede con el peso, si empiezas a comer menos de 1.500 calorías y a hacer ejercicios tres veces a la semana, y ha pasado un mes y no has rebajado nada de peso, no te estás acercando a tu meta rezagada. En ese momento te empiezas a preguntar: *¿Será que tengo que hacer más ejercicios o más veces por semana? ¿Será que en vez de caminar necesito trotar? ¿Será que en vez de 1.500 calorías debo consumir solo 1.200? ¿Será que esas 1.500 calorías deberían ser de proteínas y grasas en lugar de carbohidratos?* Estas preguntas te permiten ajustar la meta proactiva y volver a alinearte.

Evaluar, comparar y reajustar es el ciclo que te va a llevar a lograr tus metas este año. Hoy vamos a poner todo esto en una sola tabla. Vas a reescribir una gran parte de lo que ya anotaste en sesiones anteriores. Es necesario rescribirlo, porque este no es un proceso lógico, sino un proceso de reprogramación mental que necesita ser integrado a tu sistema nervioso. Y una de las mejores herramientas para lograrlo es reescribiendo todo lo que hiciste.

Recordemos la serie de ejercicios y reflexiones que realizaste de manera aislada: primero, escribiste las visiones de cada una de las siete áreas del desarrollo humano, después conectaste las visiones con metas rezagadas, más adelante vinculaste las metas rezagadas con metas proactivas, y seguidamente relacionaste las metas proactivas con reglas del dolor y el placer del estancamiento y reglas del dolor y el placer del progreso.

Ahora vas a empezar a unirlo todo. Al rescribir todo esto, empezarás a mejorarlo y optimizarlo. Es posible que se te ocurran nuevas ideas, y podrás pulir y corregir.

EJERCICIO #1

El ejercicio de hoy consiste en rescribir toda esa información organizada en una tabla. Verás que al lado de cada meta proactiva tienes una serie de recuadros que son para evaluar si estás cumpliendo o no la meta proactiva tal como te lo propusiste y con la frecuencia que determinaste.

Por ejemplo, si tu meta proactiva era ir al gimnasio tres veces a la semana, cada domingo vas a revisar si lo hiciste o no. Si la respuesta es *sí*, rellena el recuadro; si la respuesta es *no*, escribe una X. Así vas a ir evaluando si estás cumpliendo la meta proactiva o no. Ese proceso te va a permitir evaluar y ajustar para poder continuar correctamente con la meta proactiva. Si tu meta proactiva era que cada día ibas a comer menos de 1.500 calorías, pregúntate cada noche: ¿Cuántas calorías comí hoy? Si comiste menos de 1.500, rellena el cuadro; si comiste más, escribe una X.

No te preocupes si esos recuadros son semanales, mensuales o diarios. Cada meta proactiva tiene su frecuencia específica (a diario, cada tres días, semanalmente o una vez al mes). Al terminar ese período que elegiste, rellena el recuadro si la respuesta es *sí* y escribe una X si es *no*.

Esta tabla de evaluación que creaste te va a permitir medir tu progreso durante este año en cada una de las metas proactivas que te llevarán a alcanzar tus metas rezagadas, lo cual te permitirá cumplir tu visión en cada una de las áreas del desarrollo humano.

Áreas		Visión	Metas rezagadas	Metas proactivas
EJEMPLO	Salud	Sentirme saludable y lleno de energía.	Llegar a mi peso ideal de 80 kg en tres meses.	Trotar 15 minutos de lunes a viernes.
				Seguir una dieta ketogénica.
	Relaciones	Tener una magnífica relación con mi hijo.	Invertir 50 horas a solas con mi hijo disfrutando de un tiempo de calidad en los próximos 12 meses.	Salir cada jueves en la noche a cenar juntos.

¿Cumpliste la meta proactiva? ¿Sí o no?

| Semana 1 | Semana 2 | Semana 3 | Semana 4 | Semana 5 | Semana 6 | Semana 7 | Semana 8 | S9 |

Áreas	Visión	Metas rezagadas	Metas proactivas
Salud			
Tiempo			
Finanzas			
Profesión o negocio			
Relaciones			
Mente			
Espíritu			

¿Cumpliste la meta proactiva? ¿Sí o no?								
Semana 1	Semana 2	Semana 3	Semana 4	Semana 5	Semana 6	Semana 7	Semana 8	S9
1 2 3 4 5 6 7	8 9 10 11 12 13 14	15 16 17 18 19 20 21	22 23 24 25 26 27 28	29 30 31 32 33 34 35	36 37 38 39 40 41 42	43 44 45 46 47 48 49	50 51 52 53 54 55 56	57 58 59 60

DÍA
19

AFIRMACIÓN POSITIVA

HOY VAMOS A ESTAR TRABAJANDO EN UNA DE LAS HERRAMIENTAS NEURÁLGICAS PARA EL proceso de integrar todo lo que hemos hecho con tu sistema nervioso, y es lo que se llama *la afirmación positiva*.

En la sesión anterior resumiste en una sola tabla todo lo que habías hecho previamente: las visiones por cada área del desarrollo humano, las metas rezagadas, las metas preactivas, y las reglas del dolor y el placer. Esta vez vamos hacer lo mismo, pero en otro documento que vamos a llamar la afirmación positiva. Este documento es el que te va a permitir integrar a tu sistema nervioso todos los pilares fundamentales de tus estados emocionales, y unido a la tabla de evaluación, te dará la posibilidad de lograr todo lo que quieras.

La tabla de evaluación tiene que ver más con las actividades a realizar. Sin embargo, hay toda una parte psicológica y emocional que está conectada a esas acciones. Dominar tus estados emocionales es lo que te va a permitir vivir en paz, plenitud y felicidad.

Previamente definiste tu *pregunta principal* y los *estados emocionales* que quieres alcanzar. También estableciste *nuevas reglas* para lograrlos. Además determinaste los estados emocionales de los que te quieres alejar y rescribiste las reglas para que tu cerebro se reprogramara y no llegar a ellos nuevamente.

Los estados emocionales como la felicidad, el amor, ser una persona compasiva, estar lleno de paz, energía y pasión son aspectos muy importantes que tenemos que trabajar en *paralelo* al progreso que vamos llevando a cabo con las metas proactivas.

Una afirmación positiva es un documento en el que vas a escribir lo que quieres de la vida como si ya se hubiera cumplido, el cual vas a leer diariamente. La afirmación positiva tiene cierta estructura que debemos seguir. Lo primero es *definir tu visión para la vida*. Anteriormente hablamos de una visión para cada una de las áreas del desarrollo humano, sin embargo, ahora vas a definir una que englobe tu visión de vida. Al escribirla, recuerda no hacerlo en un tiempo futuro, sino como si ya estuviera sucediendo hoy.

La afirmación positiva continúa escribiendo *tu nueva pregunta principal*. Así que debajo de la visión para tu vida pondrás tu nueva pregunta principal, aquella que ya estableciste en el Día 8. Seguidamente, a continuación de la pregunta principal, anotarás en *quién te tienes que convertir* (pero como si ya hubiera ocurrido) a fin de lograr esa visión y alcanzar cada una de las metas rezagadas y las visiones que tienes para las siete áreas del desarrollo humano. Aquí te puedes extender a más de dos frases. De hecho, aquí puede utilizar uno, dos o tres párrafos. Explica en quién necesitas convertirte para ser lo que quieres llegar a ser. Es importante que cuando escribas en quién te quieres convertir, lo hagas en tiempo presente. No se trata de anotar: «Necesito convertirme en...», sino: «Soy...». Algunos ejemplos pueden ser: Soy una persona saludable / Soy alguien que se ejercita regularmente y está en constante cuidado de lo que come / Estoy constantemente activo / Soy compasivo / Estoy agradecido por la vida / En todo momento estoy dispuesto a dar y recibir amor / Siempre percibo la gracia en el mundo.

Luego, vas a escribir *las emociones positivas* que estás buscando con sus respectivas reglas y las *emociones negativas* que estás tratando de evitar con sus nuevas reglas.

En esto consiste básicamente tu afirmación positiva: comienza con tu visión de vida como si fuera hoy, sigue con tu pregunta principal, continúa con una explicación de en quién te tienes que convertir para lograr todo lo que sueñas en la vida, pero escríbelo como si ya fuera una realidad, y después anota cuáles son las emociones que buscas experimentar a diario y sus reglas y cuáles son los estados emocionales que estás tratando evitar y sus reglas.

Aquí te presento un modelo de mi afirmación positiva. No está completo, porque hay ciertas áreas que son privadas, pero sí te va a dar una idea de lo que tienes que hacer. El propósito es solo que te sirva de guía.

Mi afirmación positiva
(Ejemplo de Víctor Hugo Manzanilla)

Mi visión para la vida es mostrar amor, agradecimiento y compasión. Soy un libertador que rompe las cadenas de la mentira y los pensamientos limitantes que mantienen atadas a las personas a la mediocridad, ayudándolas a descubrir la verdad que las lleva a vivir una vida de grandeza.

Mi pregunta principal es: *¿Cómo puedo apreciar este momento en el que estoy y ser de bendición para la persona que se encuentra conmigo?*

Soy una persona que vive con abundancia financiera, tengo negocios que funcionan automáticamente generando una gran cantidad de ingresos pasivos, lo que me permite vivir una vida en libertad.

Soy saludable y estoy lleno de energía. Mi cuerpo está sano y me siento cada día más joven y con más entusiasmo. Disfruto mucho al ejercitarme.

Soy feliz. Siempre experimento un estado emocional de abundancia y plenitud. El futuro me llena de optimismo y el agradecimiento que tengo por el presente me llena de felicidad. Soy una persona bendecida por Dios.

(Nota que en este ejemplo solo estoy mostrando una parte de la persona en que quiero convertirme.)

Las emociones positivas que experimento de manera regular son:

Energía a través de la salud: *En cualquier momento que* (a) me alimente sanamente, (b) haga ejercicio, (c) descanse o (d) me anime a extender mis límites físicos, *me sentiré* con energía.

Amor: *En cualquier momento que* (a) recuerde que Dios es amor y Él está en mí, (b) actúe con amor, sea testigo del amor o sea amado, (c) recuerde que el amor es mi esencia o (d) sea compasivo o testigo de la compasión, *me sentiré* lleno de amor.

Agradecimiento: *En cualquier momento que* (a) recuerde que todo es un regalo, (b) sea testigo de la gracia en mí y en otros, (c) tenga éxito en algo, o (d) sea amado, *me sentiré* agradecido.

Paz: *En cualquier momento que* (a) tenga consciencia del presente, (b) sea testigo de la gracia de Dios, (c) tenga un tiempo de meditación, o (d) recuerde que todo el mundo es inocente al nivel del alma, *me sentiré* en paz.

Aventura: *En cualquier momento que* (a) no esté seguro del desenlace, o (b) me acostumbre al mundo ordinario, *me sentiré* con un espíritu de aventura.

Pasión: *En cualquier momento que* abra mis ojos a un nuevo día, *me sentiré* apasionado.

Éxito: *En cualquier momento que* (a) logre una meta, (b) haga mi mayor esfuerzo, (c) expanda mis límites, o (d) inspire a otra persona a crecer, *me sentiré* exitoso.

Sentido del humor: *En cualquier momento que* tenga la oportunidad de traer alegría y felicidad a una situación, *me sentiré* con sentido del humor.

Curiosidad: *En cualquier momento que* (a) tenga consciencia de un concepto nuevo e interesante, (b) conozca a alguien, o (c) eleve mi nivel de consciencia, *me sentiré* curioso.

Disciplina: *En cualquier momento que* me sienta cansado o con ganas de postergar o renunciar a una tarea o proyecto importante, me sentiré motivado a disciplinarme.

Las emociones negativas que deseo erradicar de mi vida son:

Estado sostenido de depresión: Me sentiré deprimido solo si constantemente creyera la ilusión de que no hay solución, el problema es permanente y este afecta todas las áreas de mi vida, en lugar de la verdad de que la vida sucede para mí, no a mí, y los problemas son bendiciones.

Ansiedad constante: Me sentiré ansioso solo si constantemente creyera la ilusión de que lo peor va a suceder, y que esa ilusión es real y no hay futuro, en lugar de la verdad de que la falta de certeza es lo que le trae pasión a la vida y siempre podré lidiar con cualquier cosa que me suceda.

Miedo paralizante: Me sentiré con miedo solo si constantemente creyera la ilusión de que voy a fracasar, en lugar de la verdad de que el miedo es usualmente un indicador de Dios y la vida para guiarme en mi jornada.

Fracaso masivo: Me sentiré fracasado solo si constantemente creyera la ilusión de que el fracaso es malo, permanente y traerá vergüenza a mi vida, en lugar de la verdad de que el fracaso me ofrece un aprendizaje invaluable y me ayuda a ser una inspiración para otros.

Envidia: Me sentiré envidioso solo si constantemente creyera la ilusión de que si otros tienen éxito, eso significa que son mejores que yo, en lugar de la verdad de que existe una abundancia infinita que Dios y la vida me ofrecen cada día.

Culpa: Me sentiré culpable solo si constantemente creyera la ilusión de que mis barreras y fracasos son culpa de otros, en lugar de la verdad de que la vida está sucediendo para mí.

EJERCICIO #1

Ahora escribe tu afirmación positiva

Mi afirmación positiva

Mi visión para la vida es...

Mi pregunta principal es...

Soy una persona...

Las emociones positivas que experimento de manera regular son...

Las emociones negativas que erradiqué de mi vida son...

Aquí te dejo algunas ideas y frases que puedes utilizar cuando estés definiendo la persona en que quieres convertirte:

1. SALUD

- Estoy lleno de energía y entusiasmo.
- Mi cuerpo sana con rapidez.
- Estoy saludable e ileso.
- La buena salud me pertenece ahora. Abandono el pasado.
- Permito que la vida fluya a través de mi cuerpo.
- Sigo hacia delante con la tranquilidad de un cuerpo sano.
- Soy amable con mi cuerpo, lo cuido y lo respeto.
- Estoy sano.
- Libero mi tensión con facilidad.
- Soy una persona saludable.
- La salud se manifiesta en todos mis órganos.
- Mi cerebro funciona perfectamente, mostrando capacidad de aprendizaje y análisis.
- Mi cuerpo irradia salud y energía.
- Fortalezco a mi cuerpo con comida sana, ejercicio y meditación.
- Aprecio la maravilla de mi cuerpo.

2. TIEMPO

- Tengo el poder, la fuerza, el conocimiento y el equilibrio para manejar mi vida.
- Distribuyo mi tiempo de forma equilibrada.
- Establezco metas, disfruto los procesos y cumplo con los tiempos.
- Mi vida muestra un balance de los diferentes roles que quiero cumplir.
- Controlo mi tiempo y soy libre.
- Manejo mi tiempo, el tiempo no me maneja a mí.
- Confío en mi sabiduría interior para que me guíe.

3. FINANZAS

- Mis ingresos aumentan constantemente.
- Mi crédito mejora de forma constante.
- Gasto el dinero sabiamente.
- Siempre tengo más de lo que necesito.
- Tengo tanto dinero como puedo aceptar.
- Bendigo mis cuentas y las pago a tiempo.
- Soy solvente financieramente.
- Estoy tomando medidas para mi retiro.
- Soy una persona con paz económica.
- Poseo abundancia económica y se refleja en mi vida.
- Muestro agradecimiento hacia mis acreedores y les pago puntualmente.
- La abundancia me seguirá todos los días de mi vida.

4. PROFESIÓN O NEGOCIO

- Le doy la bienvenida al cambio.
- Cada día soy más hábil.
- Supero mis propias limitaciones.
- Me niego a limitarme, doy el paso siguiente.
- Convierto cada experiencia en una oportunidad.
- Mi trabajo es reconocido y apreciado.
- Me alegra poder expresar mi creatividad a través del trabajo.
- Me siento tranquilo y relajado en mi trabajo.
- Me respeto a mí mismo y por lo tanto los demás también me respetan.
- Me encuentro en el lugar donde tengo que estar en este momento.
- Veo lo mejor en cada colega y los ayudo a sacar a la superficie sus cualidades más regocijantes.
- Tengo pensamientos creativos que siempre me llevan hacia el éxito.
- Continuamente se me abren nuevas puertas.
- Soy receptivo a nuevas vías de ingresos.
- Estoy satisfecho con mi creatividad.

- Me enfoco en la seguridad y acepto la perfección en mi vida.
- Mi vida es exitosa y estoy agradecido.

5. RELACIONES

- Soy amado.
- El amor me rodea, protege y alimenta.
- Me rodeo de personas maravillosas.
- Me amo, me acepto y me apruebo.
- Mis opiniones tiene valor y son apreciadas.
- Respeto las decisiones de los demás aunque no esté de acuerdo con ellas.
- Renuncio a la necesidad de criticar a los demás.
- No hay algo absolutamente correcto o incorrecto para mí. Me muevo más allá de mi juicio.
- Soy mi propio amigo.
- Tengo amigos excelentes que me apoyan en mis sueños y proyectos.
- Escucho. Soy receptivo a los diferentes puntos de vista.
- Respeto a los demás y ellos me respetan.
- Mi amor y aceptación hacia los demás crea amistades duraderas.
- Confío en mis amigos. Soy honesto y transparente con ellos.
- Soy un buen amigo.
- El amor me rodea. Soy amoroso y amado.
- Me amo y me acepto.
- Mi pareja y yo somos compañeros, cada uno cuida del otro y se cuida a sí mismo.
- La gente me ama cuando soy yo mismo.
- Supero las limitaciones de mis padres.
- Mis padres actuaron lo mejor que pudieron con el conocimiento, la comprensión y la consciencia que tenían en el momento.
- Mis padres establecieron el fundamento de lo que soy hoy.
- Estoy agradecido con mis padres por sus enseñanzas y apoyo a lo largo de mi vida.
- Amarme y amar a otros se hace más fácil cada día.

- Mi pareja y yo nos respetamos en nuestras decisiones.
- Creo en una relación amorosa y duradera.
- Experimento amor.
- Irradio amor.

6. MENTE Y ESPÍRITU

- Mi mente está en paz y todo se encuentra bien.
- Todo está bien en mi mundo y así es.
- Mi edad es perfecta y disfruto cada momento nuevo.
- El mundo es seguro. Estoy en paz con la vida.
- Me relajo y vivo con alegría, tranquilidad y comodidad.
- Expreso amor y llevaré amor a donde quiera que vaya.
- Enfrento los retos de la vida con valentía.
- Soy valiente e irradio esa valentía.
- Ninguna persona, lugar o cosa tiene poder alguno sobre mí. Soy libre.
- Estoy en paz.
- Soy receptivo a la sabiduría interior.
- Me relajo en el flujo de la vida y permito que esta me proporcione de manera fácil y confortable todo lo que necesito
- Estoy deseoso de crear nuevos pensamientos sobre mi vida.
- Soy poderoso y capaz. Amo y aprecio todo lo que hay en mí.
- Me amo y me apruebo,
- Perdono y me libero. Este es un momento nuevo.
- Perdono, lo merezcan o no.
- Perdonar y liberar es ser fuerte.
- Acepto la responsabilidad de mi propia vida.
- Ahora soy mayor y cuido con amor mi niño interior.
- Mi desarrollo espiritual no depende de otros.
- Es agradable sentirse bien.
- Amar a los demás es fácil cuando uno se ama y se acepta a sí mismo.
- Es solo un cambio, no tengo temor.
- Está bien expresar mis sentimientos.
- Estoy en paz conmigo mismo y con la vida.

- Me impongo sobre mis viejos temores y limitaciones.
- Veo con claridad mi ser interior.
- Amo lo que soy y sabiamente ayudo a otros a amarse a sí mismos.
- Me siento tranquilo.

DÍA 20 Y 21

FIN DE SEMANA

Mi gran victoria esta semana fue:

Mi reto o problema esta semana fue:

Una posible solución al problema es:

Mi gran aprendizaje de la semana fue:

_____

_____

_____

_____

_____

La razón #1 por la que estoy agradecido esta semana que pasó es:

_____

_____

_____

_____

_____

_____

El objetivo principal que voy a lograr la próxima semana es:

_____

_____

_____

_____

_____

DÍA
22

¿CÓMO UTILIZAR LA AFIRMACIÓN POSITIVA?

AYER NOS DEDICAMOS A DESARROLLAR TU AFIRMACIÓN POSITIVA, UN DOCUMENTO DONDE explicabas tu visión de vida, tu nueva pregunta principal, en quién te tienes que convertir para lograr tus metas y sueños (como si ya hubieran sucedido), los estados emocionales positivos que quieres experimentar con sus reglas, y los estados emocionales negativos que quieres erradicar de tu vida con sus reglas, los cuales rescribiste. Todo eso lo resumiste en un solo documento.

Ahora bien, ¿qué vas a hacer con ese documento?

Lo vas a leer en voz alta diariamente.

Cuando lees ese documento cada día, comienzas un proceso de reprogramación mental, te estás lavando el cerebro tú mismo.

Al leer tu afirmación positiva una vez al día como mínimo, tu cerebro se va a reprogramar. Se empezarán a crear nuevos patrones neuronales y te convertirás en esa persona que tienes que ser para llegar a donde quieres. Vas a comenzar a experimentar las emociones que quieres sentir y vas a dejar de experimentar aquellas que no deseas. Y estás integrando todo a tu sistema nervioso.

Ahora bien, hay dos maneras de leer la afirmación positiva. La primera es leerla desde un punto de vista lógico: la lees, la entiendes y estás de acuerdo con ella. La otra manera es leerla agregándole emoción, visualización y pasión; se trata de imaginar la situación, crear los sentimientos. Si alcanzas ese nivel de pasión, entusiasmo, visualización y emoción en tu afirmación positiva, la reprogramación mental va a ocurrir muchísimo más rápido.

EJERCICIO #1

Instrucciones para leer tu afirmación positiva

1. Lee tu afirmación positiva en voz alta.

2. Lee tu afirmación positiva una vez al día como mínimo.

3. Cuando estés leyendo tu afirmación positiva:
    a. Hazlo con pasión.
    b. Ponle entusiasmo.
    c. Visualiza lo que estás leyendo.
    d. Imagina la situación.
    e. Agrégale sentimiento a las palabras que estás leyendo.
    f. Trae todo al presente, como si estuviera ocurriendo hoy.
    g. Usa una postura que exprese lo que estás leyendo y sintiendo.

4. Sé poderoso intencionalmente.

DÍA
23

TU CALENDARIO

HOY VAMOS A APRENDER A MANEJAR EL CALENDARIO. UNO DE LOS ASPECTOS ESENCIALES para poder hacer realidad tus metas proactivas, que te van a llevar a cumplir las metas rezagadas, es incluirlas en tu calendario semanalmente. En mi experiencia, lo mejor es tener una visualización semanal del calendario.

Una visualización diaria es muy breve y no me permite ver hacia dónde voy. Una visualización mensual es demasiado amplia y no me permite observar al detalle lo que quiero hacer cada día. Una programación semanal resulta perfecta para poder trabajar en las metas proactivas que tengo que cumplir cada semana.

El secreto que asegura que semana a semana estés trabajando en pro de tus metas proactivas y en la visión que tienes para cada una de las siete áreas del desarrollo humano es reservar tiempo en tu calendario antes de que comience la semana.

Lo primero que tienes que hacer es abrir tu calendario semanal y reservar el tiempo para cumplir con tus metas proactivas antes de que la semana comience. ¿Por qué? Porque el torbellino de actividades, tareas urgentes y no importantes, problemas y situaciones va a consumir toda tu semana, todo tu mes y todo tu año. Sin importar cuántos problemas tengas o dejes de tener, siempre van a ocupar tu semana y no le vas a dedicar el tiempo a lo indispensable: las metas proactivas.

Por ejemplo, una de mis metas proactivas en el área espiritual es leer mi afirmación positiva y tener un tiempo de meditación. La meditación me toma de 10 a 15 minutos, y leer mi afirmación positiva de unos 5 a 10 minutos. Así que todas las mañanas, de 6:30 a. m. hasta las 7:00 p. m, aparto ese tiempo en mi calendario para dedicarlo a esa actividad.

Otra de las metas proactivas que tengo es salir todos los jueves en la noche con mi hijo en lo que llamamos «la noche de hombres» a fin de desarrollar una relación padre e hijo de calidad. De modo que en mi calendario destino los jueves de 6:00 p. m. hasta las 9:00 p. m. para disfrutar de dicha actividad. Si alguien me pide reunirnos el jueves, ese espacio ya está ocupado.

Una meta que tengo para la salud es ir al gimnasio tres veces a la semana como mínimo. Por lo tanto, trato de priorizar lunes, martes y miércoles de 12 m. a 1 p. m. para hacer ejercicios. Así, si uno de esos días tengo un problema, siempre cuento con el jueves o el viernes para lograr cumplir con mis tres días de ir al gimnasio.

Otra meta que tengo incluida en mi calendario es leer un libro cada dos semanas. Hice el cálculo y para lograr mi meta proactiva tengo que leer dos horas semanales. Por eso, los martes y viernes de 5:30 p. m. a 6:30 p. m. están reservados para esta actividad.

Organizar mi calendario de esta manera me ayuda a maximizar mi tiempo para lograr mis metas. Por ello, todos los domingos antes de acostarme llevo a cabo esta actividad.

En conclusión, antes de que comience la semana, debes revisar cada una de las siete áreas del desarrollo humano y apartar en tu calendario los espacios para realizar las metas proactivas respectivas.

Una vez una estudiante me preguntó si yo no creía que mantener todas esas metas proactivas en mi calendario le quitaba espontaneidad a la vida. Mi calendario está lleno de espacios libres, y esos espacios son lo que llamo las áreas de la espontaneidad (o áreas para el torbellino de la vida), ya que siempre habrá un momento en que te quieras tomar un café con un amigo, o tengas un problema y necesites resolverlo, o precises ir al banco o al mercado de emergencia, y muchas otras cosas como esas.

La clave está en nunca permitir que llegue el lunes sin haber reservado tiempo para cada una de tus metas proactivas en cada una de las áreas del desarrollo humano.

EJERCICIO #1

1. Abre tu calendario o agenda para la semana que viene.
2. Para cada área del desarrollo humano, escribe al menos una meta proactiva (máximo dos) y separa el tiempo en tu calendario.
3. Repite el proceso antes de comenzar cada semana.

Ejemplo de mi calendario semanal

GMT-05	Dom. 2/26	Lun. 2/27	Mar. 2/28	Miér. 3/1	Jue. 3/2	Vie. 3/3	Sáb. 3/4
6 a. m.	6:30 a. m. Meditación y AP	6:30 a. m. Meditación y AP	6:30 a. m. Meditación y AP	6:30 a. m. Meditación y AP	6:30 a. m. Meditación y AP	6:30 a. m. Meditación y AP	
7 a. m.							
8 a. m.		8:30 a. m. - 10 a. m. Revisión del correo semanal					
9 a. m.							
10 a. m.							
11 a. m.							
12 m.		12 m. - 1 p. m. Ejercicios	12 m. - 1 p. m. Ejercicios	12 m. - 1 p. m. Ejercicios	12 m. - 1 p. m. Ejercicios	12 m. - 1 p. m. Ejercicios	
1 p. m.							
2 p. m.							
3 p. m.			2 p. m - 5 p. m. Proyecto 107		2 p. m. - 5 p. m. Proyecto 107		
4 p. m.							
5 p. m.			5:30 p. m. - 6:30 p. m. Lectura			5:30 p. m. - 6:30 p. m. Lectura	
6 p. m.					6 p. m. - 9 p. m. Noche de hombres con Benjamín		
7 p. m.							
8 p. m.		6 p. m. - 12 p. m. Grabar vídeos del curso online					
9 p. m.							
10 p. m.							
11 p. m.							

DÍA
24

LA FELICIDAD Y EL DINERO

HOY QUIERO COMPARTIR CONTIGO CUATRO REFLEXIONES SOBRE EL DINERO. EL DINERO tiene importancia para todos nosotros, especialmente con el objetivo de poder cumplir algunas de las metas que nos proponemos en el año. Esto es así no solo en el área financiera, sino también en el área profesional, de los negocios y muchas otras. En ocasiones, la cantidad de dinero influye en que podamos cumplir las metas y los sueños que tenemos en la vida.

Sabemos que el dinero no te trae la felicidad. Sin embargo, muchas veces utilizamos esa frase como una excusa para el hecho de no haber logrado las cosas que queremos hacer en la vida. Así como el dinero no te trae felicidad, la pobreza tampoco te hará feliz. El dinero es neutral, no es bueno ni malo. El dinero solo maximiza lo que ya eres. Si una persona es generosa y tiene mucho dinero, será aun más generosa. Si una persona es egoísta y tiene mucho dinero, será aun más egoísta.

Quería dejarte estas reflexiones porque he experimentado momentos en los que el dinero sí contribuye a la felicidad.

1. Cuando anticipamos un evento.

La primera reflexión tiene que ver con la anticipación de un evento, en especial un viaje. Si planeas viajar (así sea algo local, pero que se salga de la rutina) siempre hay un período de anticipación al evento que genera felicidad.

Por ejemplo, si vas a hacer un viaje en cuatro meses, el proceso de planificación desde el día en que tomas la decisión hasta que ya la haces realidad resulta emocionante. Conversar con tu familia y amigos, planificar lo que vas a hacer, empacar, comprar las cosas de último momento... todo ese proceso trae muchísima felicidad.

Luego, cuando estás en medio del viaje, eres feliz, y cuando revives después del viaje las historias, ves las fotos, etc., eso también te llena de mucha alegría.

Definitivamente, uno de los momentos donde el dinero contribuye a que uno sea feliz es cuando viajamos, bien sea por el proceso de anticipación al viaje, el viaje en sí o después del viaje.

2. Cuando invertimos en cosas que eliminan un problema de nuestra vida.

Otro aspecto interesante que he observado sobre el dinero trayendo la felicidad es cuando haces una compra que va a eliminar un problema diario que enfrentes.

Comprar algo para eliminar un problema trae mucha más felicidad a tu vida que hacer una compra que va a representar un beneficio. Los estudios sobre la felicidad han demostrado que cuando agregas un beneficio a tu vida que antes no tenías, esa emoción constituye un placer temporal. Sin embargo, cuando eliminas un problema constante que te afectaba, la felicidad es sostenida.

Por ejemplo, si tienes un teléfono inteligente con dos años de antigüedad y sale el nuevo modelo con una serie de nuevos beneficios que no tienes ahora (pantalla con mejor resolución, chip más rápido, mayor velocidad de descarga, etc.), uno siente que al obtenerlo va a ser más feliz. No obstante, como solo estás agregando mejoras a tu vida (realmente no estás eliminando un problema), al comprar el teléfono recibirás placer por unos días o semanas, pero después volverás a la normalidad (nuevos beneficios pasan a ser la nueva expectativa de vida).

Sin embargo, si tuvieras un problema que te afecta diariamente (como, por ejemplo, vives en una ciudad muy calurosa y no tienes aire acondicionado en tu casa o vehículo), al invertir en un aire acondicionado estás resolviendo un problema real en tu vida. En tales casos las inversiones sí colaboran con tu felicidad de una forma sostenida.

Cuando vayas a hacer una compra e invertir tu dinero, piensa en cuál es el problema que esa compra te está resolviendo. Si no existe un problema real, sino se trata de un beneficio más que vas a agregar a tu vida, es importante que entiendas que el nivel de satisfacción va a ser solo temporal. Te proporcionará más bien un placer temporal que una felicidad sostenida. Sin embargo, si existe un problema real que estás eliminando, el nivel de felicidad será más sostenido.

3. Cuando damos generosamente.

Otro aspecto interesante sobre el dinero es que cuando das con generosidad, se establece una conexión entre el dinero y la felicidad. Cuando ofrendas dinero te involucras en un proceso de contribución, ayudando a otra persona, alguna organización y a la humanidad a llegar a un mejor lugar. El proceso de retroalimentación que experimentas cuando das dinero es importantísimo para el cerebro, pues el nivel de satisfacción y felicidad resulta tan poderoso, que la mente empieza a buscar constantemente oportunidades de hacer más dinero. Es por ello que la mayoría de las personas que son generosas se sienten felices y plenas, y también tienen dinero. Sus mentes están buscando nuevas oportunidades porque entienden que para dar más, necesitan tener más. No pueden dar lo que no poseen.

4. Cuando eliminamos cosas de nuestra vida.

El último punto que quiero destacar es que existe una conexión entre disminuir la cantidad de cosas que tienes y la libertad y felicidad que eso te trae. Mientras más cosas acumulas, más te atas a las posesiones materiales y menos felicidad encuentras. Por el contrario, cuando comienzas el proceso de liberarte de las cosas materiales que no necesitas, empiezas a sentir más libertad y como consecuencia eres más feliz en tu vida.

El reto que tengo para ti hoy se relaciona con el poder del desprendimiento. Este mes vas a regalar dos cosas que tienes acumuladas. Escoge dos cosas que poseas y regálalas, dónalas, échalas a la basura, elimínalas, sácalas de tu vida.

El reto se vuelve más interesante a medida que pasan los meses, porque el próximo mes vas a dar cuatro cosas. El mes que sigue vas a dar seis, al otro 8, y así cada mes irás incrementando el número de cosas en dos hasta completar el año. Lo interesante es que desde el día que comienzas este proceso hasta el final vas a haber regalado un montón de cosas y te vas a dar cuenta de la libertad y la felicidad que sientes.

EJERCICIO #1

Escoge dos cosas y regálalas o simplemente elimínalas de tu vida en el Mes 1. Luego iguala al mes anterior y agrega dos cosas más. Por ejemplo: Mes 1 = 2 cosas, Mes 2 = 4 cosas, Mes 3 = 6 cosas, Mes 4 = 8 cosas, y así sucesivamente.

Escribe qué regalaste o eliminaste cada mes:

Mes 1:
1.
2.

Mes 2:
1.
2.
3.
4.

Mes 3:
1.
2.
3.
4.
5.
6.

Mes 4:
1.
2.
3.

4.

5.

6.

7.

8.

Mes 5:

1.

2.

3.

4.

5.

6.

7.

8.

9.

10.

Mes 6:

1.

2.

3.

4.

5.

6.

7.

8.

9.

10.

11.

12.

Mes 7:

1.

2.

3.

4.

5.

6.

7.

8.

9.

10.

11.

12.

13.

14.

Mes 8:

1.

2.

3.

4.

5.

6.

7.

8.

9.

10.

11.

12.

13.

14.

15.

16.

Mes 9:

1.

2.

3.

4.

5.

6.

7.

8.

9.

10.

11.

12.

13.

14.

15.

16.

17.

18.

Mes 10:

1.

2.

3.

4.

5.

6.

7.

8.

9.

10.

11.

12.

13.

14.

15.

16.

17.

18.

19.

20.

Mes 11:

1.
2.
3.
4.
5.
6.
7.
8.
9.
10.
11.
12.
13.
14.
15.
16.
17.
18.
19.
20.
21.
22.

Mes 12:

1.
2.
3.
4.
5.
6.
7.
8.
9.
10.

11.
12.
13.
14.
15.
16.
17.
18.
19.
20.
21.
22.
23.
24.

¡Felicitaciones! ¡Para este momento te deshiciste o regalaste ciento cincuenta y seis cosas que no te hacían falta (y que probablemente alguien necesitaba más que tú)!

DÍA
25

CUATRO HABILIDADES A DESARROLLAR

HOY QUIERO HABLARTE DE CUATRO HABILIDADES QUE TIENES QUE DESARROLLAR A FIN DE poder perseverar durante este año en la lucha para cumplir tus metas y sueños, manteniendo la disciplina, la persistencia y la constancia en lo que respecta a las metas proactivas. Cuando empieces el proceso de ejecutar las metas proactivas, va a comenzar esa lucha psicológica del subconsciente que prefiere postergar hacer lo que tienes que hacer: las reglas del dolor y el placer del estancamiento. Encima de ese problema también están los golpes de la vida, las cosas que salen mal, los negocios que no se llevan a cabo. Está la persona que promete que te ayudará, será tu socia, o te hará una gran compra, para después nunca atenderte el teléfono. O aquella persona que te hizo la promesa de que iba a comenzar un proyecto contigo y te iba a apoyar en algo, para luego no dar la cara como lo aseguró. Es decir, hay que vivir la vida con sus golpes, luchas y fracasos.

Por eso es importante que adicionalmente al trabajo que hemos hecho a nivel psicológico de reprogramar nuestra mente, también entendamos que necesitamos desarrollar ciertas habilidades que nos van a permitir mantener la constancia en los momentos difíciles. Se trata de cuatro habilidades que aprendí una vez a partir de un paralelismo que me pareció muy interesante: copiar la conducta de un adolescente que quiere el nuevo IPhone.

Si desarrollas las cuatro características que pone de manifiesto un adolescente cuando quiere el nuevo IPhone, podrás sostenerte en los momentos duros que se van a presentar durante el año, porque si algo es verdad, es que esos momentos van a llegar. No es cuestión de *sí* o *no*, sino de *cuándo*. Si desarrollas esas cuatro habilidades cuando enfrentes alguna dificultad, vas a poder superar cualquier cosa y llegar al final del año habiendo logrado lo que te propusiste.

La primera característica de un joven que quiere el nuevo IPhone es que tiene *claridad* exacta en cuanto a lo que desea. Cuando un adolescente quiere el último modelo del IPhone, no está buscando un Android, un Nokia o un Windows Phone, tampoco está buscando un modelo de IPhone anterior. Si alguna vez has conversado con un adolescente sobre algo que quiere, sabrás que siempre está perfectamente claro en lo que desea.

La claridad acerca de lo que deseas debería ser ya un asunto superado luego de todo este programa. Desde el momento en que desarrollaste una visión para tu vida, después una visión para cada una de las siete áreas del desarrollo humano, así como tus metas rezagadas y tus metas proactivas, fuiste atravesando un proceso a fin de lograr la claridad en cuanto a lo que deseas.

La segunda habilidad que un adolescente demuestra cuando quiere el nuevo modelo del IPhone es el *enfoque*. Este joven adolescente está enfocado las veinticuatro horas del día en el hecho de que quiere el nuevo IPhone, siempre está pensando en él, preguntándoles a sus padres cuándo se lo van a comprar, navegando por Internet y revisando las características del teléfono. Es más, si se lo regalan, ese día ya sabe manejarlo mejor que las personas de la tienda, porque ha investigado, ha visto vídeos en YouTube donde le muestran cómo usarlo, y conoce todas las características, los beneficios y las aplicaciones que puede instalar. Ha estudiado el producto, lo conoce de la A a la Z, pues piensa en él todo el día. Si se encuentra en la universidad o el colegio, está pensando en su nuevo IPhone. Durante el fin de semana, está pensando en su nuevo IPhone. Cuando viaja, está pensando en su nuevo IPhone. Cuando come, está pensando en el nuevo IPhone. Siempre está enfocado. Esa es una habilidad que tenemos que desarrollar.

En el momento en que se transfieren todas las metas proactivas al calendario es importante entender que para ese bloque de actividades necesitas tener el tiempo y el enfoque a fin de dedicarlos a esas áreas. No se trata de pensar en las demás cosas, no se trata de pensar un poquito aquí y un poquito allá, sino de tener enfoque.

La tercera característica de este joven que quiere el nuevo IPhone es la *perseverancia*. Cuando un adolescente desea tener un IPhone, por lo general no cuenta con el dinero para comprarlo y depende de otros para conseguirlo. Así que este joven persevera y habla con los papás, los abuelos, los tíos, los padrinos y los amigos. Esto es así debido a que posee claridad y enfoque en cuanto a lo que desea: el nuevo modelo de IPhone. Necesitas desarrollar la perseverancia. No vas a conseguir las cosas grandes de la vida solo porque las deseas, las escribas en una tabla y empieces a actuar de acuerdo a las metas proactivas. Hay momentos en los que vas a necesitar ser perseverante.

La cuarta y última característica es el *ingenio*. ¿Ingenio para qué? Para conseguir los recursos que necesitas. Quiero que seas conciente de algo: NUNCA vas a disponer de todos los recursos que necesitas. No importa la empresa donde trabajes, siempre habrán problemas de presupuesto o personal. No importa dónde estés en la vida, siempre te va a hacer falta dinero o gente. Nadie tiene recursos ilimitados. Entonces, si vives la vida enfocado en lo que no puedes hacer porque no tienes recursos, vas a vivir frustrado. Necesitas acabar con ese pensamiento limitante y entender que la diferencia está en la capacidad interna (ingenio) que tiene cada ser humano para conseguir los recursos.

El joven que quiere comprar un IPhone y no tiene el dinero, si los papás no pueden pagárselo completo, va y le pide a los abuelos. Si los abuelos le dan algo, pero no es suficiente, se busca un trabajo. No se frena porque no tiene el dinero, sino que su mente siempre está pensando: *¿Qué puedo hacer para conseguir el dinero? ¿Quién me lo puede prestar? ¿Qué puedo vender? ¿Dónde puedo trabajar? ¿Cuánto me puede dar mi papá? ¿Cuándo es mi cumpleaños y qué puedo ahorrar?* En su mente siempre está considerando cómo conseguir los recursos.

Concluyendo, las cuatro características que necesitas desarrollar para que este año sea épico en tu vida son: claridad en cuanto a lo que deseas, enfoque, perseverancia e ingenio.

DÍA
26

PASANDO A LA ACCIÓN MASIVA

YA TERMINAMOS LOS PRIMEROS VEINTE DÍAS QUE NOS PERMITIERON DEFINIR NUESTRO norte este año. Ahora vamos a pasar a la acción masiva. De ahora en adelante llevarás un diario que te permitirá enfocarte en las cosas importantes. El diario está diseñado para ayudarte en ese proceso.

Diariamente dedicarás un tiempo a:

1. Definir tu rutina matutina ganadora. Recuerda que el éxito del día comienza desde la mañana.
2. Clarificar el objetivo principal del día.
3. Definir las tres metas proactivas más importantes del día.
4. Escoger a una persona a la que quieras elogiar sinceramente para desarrollar relaciones fructíferas y también potenciar tu liderazgo.
5. Reflexionar sobre el reto principal del día y obtener un aprendizaje concreto.
6. Definir tres cosas por las cuales necesitas estar agradecido.

¡Adelante!

DÍA 27 Y 28

FIN DE SEMANA

Mi gran victoria esta semana fue:

Mi reto o problema esta semana fue:

Una posible solución al problema es:

Mi gran aprendizaje de la semana fue:

La razón #1 por la que estoy agradecido esta semana que pasó es:

El objetivo principal que voy a lograr la próxima semana es:

MAÑANA

LUNES   /   /

Mi rutina ganadora:

☐ Leer mi afirmación positiva   ☐

☐ Meditar   ☐

☐ Ejercicio   ☐

☐   ☐

Mi objetivo #1 en el día de hoy es:

_____

_____

Mis tres metas proactivas más importantes para el día de hoy son:

¿La cumplí?

1. _____   Sí ☐   No ☐

2. _____   Sí ☐   No ☐

3. _____   Sí ☐   No ☐

Hoy voy a elogiar/motivar/agradecer sinceramente a:

_____

Por la siguiente razón:

_____

_____

_____

Hoy enfrenté el siguiente reto o problema:

Y aprendí lo siguiente:

Notas e ideas

Tres cosas por las cuales estoy agradecido hoy:

1.

2.

3.

Mañana va a ser un gran día porque:

MAÑANA

MARTES   /   /

Mi rutina ganadora:

☐ Leer mi afirmación positiva   ☐

☐ Meditar   ☐

☐ Ejercicio   ☐

☐   ☐

Mi objetivo #1 en el día de hoy es:

....

....

Mis tres metas proactivas más importantes para el día de hoy son:

¿La cumplí?

1. ....   Sí ☐   No ☐

2. ....   Sí ☐   No ☐

3. ....   Sí ☐   No ☐

Hoy voy a elogiar/motivar/agradecer sinceramente a:

....

Por la siguiente razón:

....

....

....

Hoy enfrenté el siguiente reto o problema:

Y aprendí lo siguiente:

Notas e ideas

Tres cosas por las cuales estoy agradecido hoy:

1.

2.

3.

Mañana va a ser un gran día porque:

MAÑANA

MIÉRCOLES / /

Mi rutina ganadora:

☐ Leer mi afirmación positiva   ☐

☐ Meditar   ☐

☐ Ejercicio   ☐

☐   ☐

Mi objetivo #1 en el día de hoy es:

_____

_____

Mis tres metas proactivas más importantes para el día de hoy son:

¿La cumplí?

1. _____   Sí ☐   No ☐

2. _____   Sí ☐   No ☐

3. _____   Sí ☐   No ☐

Hoy voy a elogiar/motivar/agradecer sinceramente a:

_____

Por la siguiente razón:

_____

_____

_____

Hoy enfrenté el siguiente reto o problema:

Y aprendí lo siguiente:

Notas e ideas

Tres cosas por las cuales estoy agradecido hoy:

1.

2.

3.

Mañana va a ser un gran día porque:

MAÑANA

JUEVES   /   /

Mi rutina ganadora:

☐ Leer mi afirmación positiva   ☐

☐ Meditar   ☐

☐ Ejercicio   ☐

☐   ☐

Mi objetivo #1 en el día de hoy es:

Mis tres metas proactivas más importantes para el día de hoy son:

¿La cumplí?

1.   Sí ☐   No ☐

2.   Sí ☐   No ☐

3.   Sí ☐   No ☐

Hoy voy a elogiar/motivar/agradecer sinceramente a:

Por la siguiente razón:

Hoy enfrenté el siguiente reto o problema:

Y aprendí lo siguiente:

Notas e ideas

Tres cosas por las cuales estoy agradecido hoy:

1.

2.

3.

Mañana va a ser un gran día porque:

MAÑANA

VIERNES / /

Mi rutina ganadora:

☐ Leer mi afirmación positiva   ☐

☐ Meditar   ☐

☐ Ejercicio   ☐

☐   ☐

Mi objetivo #1 en el día de hoy es:

_____

_____

Mis tres metas proactivas más importantes para el día de hoy son:

¿La cumplí?

1. _____   Sí ☐   No ☐

2. _____   Sí ☐   No ☐

3. _____   Sí ☐   No ☐

Hoy voy a elogiar/motivar/agradecer sinceramente a:

_____

Por la siguiente razón:

_____

_____

_____

Hoy enfrenté el siguiente reto o problema:

Y aprendí lo siguiente:

Notas e ideas

Tres cosas por las cuales estoy agradecido hoy:

1.

2.

3.

Mañana va a ser un gran día porque:

DÍA 34 Y 35

FIN DE SEMANA

Mi gran victoria esta semana fue:

_____

_____

Mi gran reto o problema esta semana fue:

_____

_____

Una posible solución al problema es:

_____

_____

¿Cumplí mis metas proactivas para cada área del desarrollo humano?

1. Salud   No hice nada [_____] ¡Todo!

2. Profesión o negocio No hice nada [_____] ¡Todo!

3. Relaciones   No hice nada [_____] ¡Todo!

4. Finanzas   No hice nada [_____] ¡Todo!

5. Mente   No hice nada [_____] ¡Todo!

6. Espíritu   No hice nada [_____] ¡Todo!

7. Tiempo   No hice nada [_____] ¡Todo!

Mi gran aprendizaje de la semana fue:

_____

_____

_____

_____

_____

Reserve en mi calendario semanal el tiempo para mis metas proactivas?

1. Salud ☐

2. Profesión o negocio ☐

3. Relaciones ☐

4. Finanzas ☐

5. Mente ☐

6. Espíritu ☐

7. Tiempo ☐

La razón #1 por la que estoy agradecido esta semana que pasó es:

_____

_____

El objetivo principal que voy a lograr la próxima semana es:

_____

_____

MAÑANA

LUNES   /   /

Mi rutina ganadora:

☐ Leer mi afirmación positiva   ☐

☐ Meditar   ☐

☐ Ejercicio   ☐

☐   ☐

Mi objetivo #1 en el día de hoy es:

_____

_____

Mis tres metas proactivas más importantes para el día de hoy son:

¿La cumplí?

1. _____   Sí ☐   No ☐

2. _____   Sí ☐   No ☐

3. _____   Sí ☐   No ☐

Hoy voy a elogiar/motivar/agradecer sinceramente a:

_____

Por la siguiente razón:

_____

_____

_____

Hoy enfrenté el siguiente reto o problema:

_____

_____

Y aprendí lo siguiente:

_____

_____

Notas e ideas

_____

_____

_____

_____

Tres cosas por las cuales estoy agradecido hoy:

1. _____

_____

2. _____

_____

3. _____

_____

Mañana va a ser un gran día porque:

_____

_____

MAÑANA

MARTES   /   /

Mi rutina ganadora:

☐ Leer mi afirmación positiva   ☐

☐ Meditar   ☐

☐ Ejercicio   ☐

☐   ☐

Mi objetivo #1 en el día de hoy es:

....

....

Mis tres metas proactivas más importantes para el día de hoy son:

¿La cumplí?

1. ....   Sí ☐   No ☐

2. ....   Sí ☐   No ☐

3. ....   Sí ☐   No ☐

Hoy voy a elogiar/motivar/agradecer sinceramente a:

....

Por la siguiente razón:

....

....

Hoy enfrenté el siguiente reto o problema:

Y aprendí lo siguiente:

Notas e ideas

Tres cosas por las cuales estoy agradecido hoy:

1.

2.

3.

Mañana va a ser un gran día porque:

MAÑANA

MIÉRCOLES   /   /

Mi rutina ganadora:

☐ Leer mi afirmación positiva   ☐

☐ Meditar   ☐

☐ Ejercicio   ☐

☐   ☐

Mi objetivo #1 en el día de hoy es:

....

....

Mis tres metas proactivas más importantes para el día de hoy son:

¿La cumplí?

1. ....   Sí ☐   No ☐

2. ....   Sí ☐   No ☐

3. ....   Sí ☐   No ☐

Hoy voy a elogiar/motivar/agradecer sinceramente a:

....

Por la siguiente razón:

....

....

....

Hoy enfrenté el siguiente reto o problema:

_____

_____

Y aprendí lo siguiente:

_____

_____

Notas e ideas

_____

_____

_____

_____

Tres cosas por las cuales estoy agradecido hoy:

1. _____

_____

2. _____

_____

3. _____

_____

Mañana va a ser un gran día porque:

_____

_____

MAÑANA

Mi rutina ganadora:

☐ Leer mi afirmación positiva ☐

☐ Meditar ☐

☐ Ejercicio ☐

☐ ☐

Mi objetivo #1 en el día de hoy es:

....

....

Mis tres metas proactivas más importantes para el día de hoy son:

¿La cumplí?

1. .... Sí ☐   No ☐

2. .... Sí ☐   No ☐

3. .... Sí ☐   No ☐

Hoy voy a elogiar/motivar/agradecer sinceramente a:

_____

Por la siguiente razón:

....

....

....

Hoy enfrenté el siguiente reto o problema:

Y aprendí lo siguiente:

Notas e ideas

Tres cosas por las cuales estoy agradecido hoy:

1.

2.

3.

Mañana va a ser un gran día porque:

MAÑANA

Mi rutina ganadora:

☐ Leer mi afirmación positiva ☐

☐ Meditar ☐

☐ Ejercicio ☐

☐ ☐

Mi objetivo #1 en el día de hoy es:

....

....

Mis tres metas proactivas más importantes para el día de hoy son:

¿La cumplí?

1. .... Sí ☐ No ☐

2. .... Sí ☐ No ☐

3. .... Sí ☐ No ☐

Hoy voy a elogiar/motivar/agradecer sinceramente a:

....

Por la siguiente razón:

....

....

....

Hoy enfrenté el siguiente reto o problema:

_____

_____

Y aprendí lo siguiente:

_____

_____

Notas e ideas

Tres cosas por las cuales estoy agradecido hoy:

1. _____

_____

2. _____

_____

3. _____

_____

Mañana va a ser un gran día porque:

_____

_____

DÍA 41 Y 42

FIN DE SEMANA

Mi gran victoria esta semana fue:

_____

_____

Mi gran reto o problema esta semana fue:

_____

_____

Una posible solución al problema es:

_____

_____

¿Cumplí mis metas proactivas para cada área del desarrollo humano?

1. Salud	No hice nada	¡Todo!
2. Profesión o negocio	No hice nada	¡Todo!
3. Relaciones	No hice nada	¡Todo!
4. Finanzas	No hice nada	¡Todo!
5. Mente	No hice nada	¡Todo!
6. Espíritu	No hice nada	¡Todo!
7. Tiempo	No hice nada	¡Todo!

Mi gran aprendizaje de la semana fue:

Reserve en mi calendario semanal el tiempo para mis metas proactivas?

1. Salud ☐

2. Profesión o negocio ☐

3. Relaciones ☐

4. Finanzas ☐

5. Mente ☐

6. Espíritu ☐

7. Tiempo ☐

La razón #1 por la que estoy agradecido esta semana que pasó es:

El objetivo principal que voy a lograr la próxima semana es:

MAÑANA

LUNES   /   /

Mi rutina ganadora:

☐ Leer mi afirmación positiva   ☐

☐ Meditar   ☐

☐ Ejercicio   ☐

☐   ☐

Mi objetivo #1 en el día de hoy es:

_____

_____

Mis tres metas proactivas más importantes para el día de hoy son:

¿La cumplí?

1. _____   Sí ☐   No ☐

2. _____   Sí ☐   No ☐

3. _____   Sí ☐   No ☐

Hoy voy a elogiar/motivar/agradecer sinceramente a:

_____

Por la siguiente razón:

_____

_____

_____

Hoy enfrenté el siguiente reto o problema:

Y aprendí lo siguiente:

Notas e ideas

Tres cosas por las cuales estoy agradecido hoy:

1.

2.

3.

Mañana va a ser un gran día porque:

MAÑANA

MARTES   /   /

Mi rutina ganadora:

☐ Leer mi afirmación positiva   ☐

☐ Meditar   ☐

☐ Ejercicio   ☐

☐   ☐

Mi objetivo #1 en el día de hoy es:

_____

_____

Mis tres metas proactivas más importantes para el día de hoy son:

¿La cumplí?

1. _____ Sí ☐   No ☐

2. _____ Sí ☐   No ☐

3. _____ Sí ☐   No ☐

Hoy voy a elogiar/motivar/agradecer sinceramente a:

_____

Por la siguiente razón:

_____

_____

_____

Hoy enfrenté el siguiente reto o problema:

_____

_____

Y aprendí lo siguiente:

_____

_____

Notas e ideas

_____

_____

_____

_____

Tres cosas por las cuales estoy agradecido hoy:

1. _____

_____

2. _____

_____

3. _____

_____

Mañana va a ser un gran día porque:

_____

_____

MAÑANA

MIÉRCOLES / /

Mi rutina ganadora:

☐ Leer mi afirmación positiva ☐

☐ Meditar ☐

☐ Ejercicio ☐

☐ ☐

Mi objetivo #1 en el día de hoy es:

....

....

Mis tres metas proactivas más importantes para el día de hoy son:

¿La cumplí?

1. .... Sí ☐ No ☐

2. .... Sí ☐ No ☐

3. .... Sí ☐ No ☐

Hoy voy a elogiar/motivar/agradecer sinceramente a:

....

Por la siguiente razón:

....

....

Hoy enfrenté el siguiente reto o problema:

_____

_____

Y aprendí lo siguiente:

_____

_____

Notas e ideas

Tres cosas por las cuales estoy agradecido hoy:

1. _____

_____

2. _____

_____

3. _____

Mañana va a ser un gran día porque:

_____

_____

MAÑANA

JUEVES   /   /

Mi rutina ganadora:

☐ Leer mi afirmación positiva   ☐

☐ Meditar   ☐

☐ Ejercicio   ☐

☐   ☐

Mi objetivo #1 en el día de hoy es:

....

....

Mis tres metas proactivas más importantes para el día de hoy son:

¿La cumplí?

1. .... Sí ☐   No ☐

2. .... Sí ☐   No ☐

3. .... Sí ☐   No ☐

Hoy voy a elogiar/motivar/agradecer sinceramente a:

_____

Por la siguiente razón:

....

....

....

Hoy enfrenté el siguiente reto o problema:

Y aprendí lo siguiente:

Notas e ideas

Tres cosas por las cuales estoy agradecido hoy:

1.

2.

3.

Mañana va a ser un gran día porque:

MAÑANA

Mi rutina ganadora:

☐ Leer mi afirmación positiva   ☐

☐ Meditar   ☐

☐ Ejercicio   ☐

☐   ☐

Mi objetivo #1 en el día de hoy es:

_____

_____

Mis tres metas proactivas más importantes para el día de hoy son:

¿La cumplí?

1. _____   Sí ☐   No ☐

2. _____   Sí ☐   No ☐

3. _____   Sí ☐   No ☐

Hoy voy a elogiar/motivar/agradecer sinceramente a:

_____

Por la siguiente razón:

_____

_____

_____

Hoy enfrenté el siguiente reto o problema:

_____

_____

Y aprendí lo siguiente:

_____

_____

Notas e ideas

_____

_____

_____

_____

Tres cosas por las cuales estoy agradecido hoy:

1. _____

_____

2. _____

_____

3. _____

_____

Mañana va a ser un gran día porque:

_____

_____

FIN DE SEMANA

Mi gran victoria esta semana fue:

_____

_____

Mi gran reto o problema esta semana fue:

_____

_____

Una posible solución al problema es:

_____

_____

¿Cumplí mis metas proactivas para cada área del desarrollo humano?

1. Salud	No hice nada	[_____]	¡Todo!
2. Profesión o negocio	No hice nada	[_____]	¡Todo!
3. Relaciones	No hice nada	[_____]	¡Todo!
4. Finanzas	No hice nada	[_____]	¡Todo!
5. Mente	No hice nada	[_____]	¡Todo!
6. Espíritu	No hice nada	[_____]	¡Todo!
7. Tiempo	No hice nada	[_____]	¡Todo!

Mi gran aprendizaje de la semana fue:

Reserve en mi calendario semanal el tiempo para mis metas proactivas?

1. Salud ☐

2. Profesión o negocio ☐

3. Relaciones ☐

4. Finanzas ☐

5. Mente ☐

6. Espíritu ☐

7. Tiempo ☐

La razón #1 por la que estoy agradecido esta semana que pasó es:

El objetivo principal que voy a lograr la próxima semana es:

MAÑANA

LUNES   /   /

Mi rutina ganadora:

☐ Leer mi afirmación positiva   ☐

☐ Meditar   ☐

☐ Ejercicio   ☐

☐   ☐

Mi objetivo #1 en el día de hoy es:

....

....

Mis tres metas proactivas más importantes para el día de hoy son:

¿La cumplí?

1. ....   Sí ☐   No ☐

2. ....   Sí ☐   No ☐

3. ....   Sí ☐   No ☐

Hoy voy a elogiar/motivar/agradecer sinceramente a:

_____

Por la siguiente razón:

....

....

....

Hoy enfrenté el siguiente reto o problema:

_____

_____

Y aprendí lo siguiente:

_____

_____

Notas e ideas

_____

_____

_____

_____

Tres cosas por las cuales estoy agradecido hoy:

1. _____

_____

2. _____

_____

3. _____

_____

Mañana va a ser un gran día porque:

_____

_____

MAÑANA

MARTES / /

Mi rutina ganadora:

☐ Leer mi afirmación positiva ☐

☐ Meditar ☐

☐ Ejercicio ☐

☐ ☐

Mi objetivo #1 en el día de hoy es:

....

....

Mis tres metas proactivas más importantes para el día de hoy son:

¿La cumplí?

1. .... Sí ☐ No ☐

2. .... Sí ☐ No ☐

3. .... Sí ☐ No ☐

Hoy voy a elogiar/motivar/agradecer sinceramente a:

_____

Por la siguiente razón:

....

....

....

Hoy enfrenté el siguiente reto o problema:

_____

_____

Y aprendí lo siguiente:

_____

_____

Notas e ideas

_____

_____

_____

_____

Tres cosas por las cuales estoy agradecido hoy:

1. _____

_____

2. _____

_____

3. _____

_____

Mañana va a ser un gran día porque:

_____

_____

MAÑANA

Mi rutina ganadora:

☐ Leer mi afirmación positiva   ☐

☐ Meditar   ☐

☐ Ejercicio   ☐

☐   ☐

Mi objetivo #1 en el día de hoy es:

....

....

Mis tres metas proactivas más importantes para el día de hoy son:

¿La cumplí?

1. ....   Sí ☐   No ☐

2. ....   Sí ☐   No ☐

3. ....   Sí ☐   No ☐

Hoy voy a elogiar/motivar/agradecer sinceramente a:

....

Por la siguiente razón:

....

....

....

Hoy enfrenté el siguiente reto o problema:

Y aprendí lo siguiente:

Notas e ideas

Tres cosas por las cuales estoy agradecido hoy:

1.

2.

3.

Mañana va a ser un gran día porque:

MAÑANA

Mi rutina ganadora:

☐ Leer mi afirmación positiva   ☐

☐ Meditar   ☐

☐ Ejercicio   ☐

☐   ☐

Mi objetivo #1 en el día de hoy es:

_____

_____

Mis tres metas proactivas más importantes para el día de hoy son:

¿La cumplí?

1. _____   Sí ☐   No ☐

2. _____   Sí ☐   No ☐

3. _____   Sí ☐   No ☐

Hoy voy a elogiar/motivar/agradecer sinceramente a:

_____

Por la siguiente razón:

_____

_____

_____

Hoy enfrenté el siguiente reto o problema:

_____

_____

Y aprendí lo siguiente:

_____

_____

Notas e ideas

_____

_____

_____

_____

Tres cosas por las cuales estoy agradecido hoy:

1. _____

_____

2. _____

_____

3. _____

_____

Mañana va a ser un gran día porque:

_____

_____

MAÑANA

VIERNES   /   /

Mi rutina ganadora:

☐ Leer mi afirmación positiva   ☐

☐ Meditar   ☐

☐ Ejercicio   ☐

☐   ☐

Mi objetivo #1 en el día de hoy es:

....

....

Mis tres metas proactivas más importantes para el día de hoy son:

¿La cumplí?

1. ....   Sí ☐   No ☐

2. ....   Sí ☐   No ☐

3. ....   Sí ☐   No ☐

Hoy voy a elogiar/motivar/agradecer sinceramente a:

....

Por la siguiente razón:

....

....

....

Hoy enfrenté el siguiente reto o problema:

Y aprendí lo siguiente:

Notas e ideas

Tres cosas por las cuales estoy agradecido hoy:

1.

2.

3.

Mañana va a ser un gran día porque:

DÍA 55 Y 56

FIN DE SEMANA

Mi gran victoria esta semana fue:

Mi gran reto o problema esta semana fue:

Una posible solución al problema es:

¿Cumplí mis metas proactivas para cada área del desarrollo humano?

1. Salud   No hice nada [   ] ¡Todo!

2. Profesión o negocio   No hice nada [   ] ¡Todo!

3. Relaciones   No hice nada [   ] ¡Todo!

4. Finanzas   No hice nada [   ] ¡Todo!

5. Mente   No hice nada [   ] ¡Todo!

6. Espíritu   No hice nada [   ] ¡Todo!

7. Tiempo   No hice nada [   ] ¡Todo!

Mi gran aprendizaje de la semana fue:

Reserve en mi calendario semanal el tiempo para mis metas proactivas?

1. Salud ☐

2. Profesión o negocio ☐

3. Relaciones ☐

4. Finanzas ☐

5. Mente ☐

6. Espíritu ☐

7. Tiempo ☐

La razón #1 por la que estoy agradecido esta semana que pasó es:

El objetivo principal que voy a lograr la próxima semana es:

MAÑANA

LUNES   /   /

Mi rutina ganadora:

☐ Leer mi afirmación positiva   ☐

☐ Meditar   ☐

☐ Ejercicio   ☐

☐   ☐

Mi objetivo #1 en el día de hoy es:

_____

_____

Mis tres metas proactivas más importantes para el día de hoy son:

¿La cumplí?

1. _____   Sí ☐   No ☐

2. _____   Sí ☐   No ☐

3. _____   Sí ☐   No ☐

Hoy voy a elogiar/motivar/agradecer sinceramente a:

_____

Por la siguiente razón:

_____

_____

_____

Hoy enfrenté el siguiente reto o problema:

Y aprendí lo siguiente:

Notas e ideas

Tres cosas por las cuales estoy agradecido hoy:

1.

2.

3.

Mañana va a ser un gran día porque:

MAÑANA

MARTES / /

Mi rutina ganadora:

☐ Leer mi afirmación positiva ☐

☐ Meditar ☐

☐ Ejercicio ☐

☐ ☐

Mi objetivo #1 en el día de hoy es:

....

....

Mis tres metas proactivas más importantes para el día de hoy son:

¿La cumplí?

1. .... Sí ☐ No ☐

2. .... Sí ☐ No ☐

3. .... Sí ☐ No ☐

Hoy voy a elogiar/motivar/agradecer sinceramente a:

....

Por la siguiente razón:

....

....

....

Hoy enfrenté el siguiente reto o problema:

_____

_____

Y aprendí lo siguiente:

_____

_____

Notas e ideas

_____

_____

_____

_____

Tres cosas por las cuales estoy agradecido hoy:

1. _____

_____

2. _____

_____

3. _____

_____

Mañana va a ser un gran día porque:

_____

_____

MAÑANA

Mi rutina ganadora:

☐ Leer mi afirmación positiva   ☐

☐ Meditar   ☐

☐ Ejercicio   ☐

☐   ☐

Mi objetivo #1 en el día de hoy es:

_____

_____

Mis tres metas proactivas más importantes para el día de hoy son:

¿La cumplí?

1. _____ Sí ☐   No ☐

2. _____ Sí ☐   No ☐

3. _____ Sí ☐   No ☐

Hoy voy a elogiar/motivar/agradecer sinceramente a:

_____

Por la siguiente razón:

_____

_____

_____

Hoy enfrenté el siguiente reto o problema:

Y aprendí lo siguiente:

Notas e ideas

Tres cosas por las cuales estoy agradecido hoy:

1.

2.

3.

Mañana va a ser un gran día porque:

MAÑANA

Mi rutina ganadora:

☐ Leer mi afirmación positiva   ☐

☐ Meditar   ☐

☐ Ejercicio   ☐

☐   ☐

Mi objetivo #1 en el día de hoy es:

....

....

Mis tres metas proactivas más importantes para el día de hoy son:

¿La cumplí?

1. ....   Sí ☐   No ☐

2. ....   Sí ☐   No ☐

3. ....   Sí ☐   No ☐

Hoy voy a elogiar/motivar/agradecer sinceramente a:

....

Por la siguiente razón:

....

....

....

Hoy enfrenté el siguiente reto o problema:

_____

_____

Y aprendí lo siguiente:

_____

_____

Notas e ideas

_____

_____

_____

_____

Tres cosas por las cuales estoy agradecido hoy:

1. _____

_____

2. _____

_____

3. _____

_____

Mañana va a ser un gran día porque:

_____

_____

MAÑANA

VIERNES   /   /

Mi rutina ganadora:

☐ Leer mi afirmación positiva   ☐

☐ Meditar   ☐

☐ Ejercicio   ☐

☐   ☐

Mi objetivo #1 en el día de hoy es:

....

....

Mis tres metas proactivas más importantes para el día de hoy son:

¿La cumplí?

1. ....   Sí ☐   No ☐

2. ....   Sí ☐   No ☐

3. ....   Sí ☐   No ☐

Hoy voy a elogiar/motivar/agradecer sinceramente a:

....

Por la siguiente razón:

....

....

....

Hoy enfrenté el siguiente reto o problema:

Y aprendí lo siguiente:

Notas e ideas

Tres cosas por las cuales estoy agradecido hoy:

1.

2.

3.

Mañana va a ser un gran día porque:

DÍA 62 Y 63

FIN DE SEMANA

Mi gran victoria esta semana fue:

_____

_____

Mi gran reto o problema esta semana fue:

_____

_____

Una posible solución al problema es:

_____

_____

¿Cumplí mis metas proactivas para cada área del desarrollo humano?

1. Salud	No hice nada [_____]	¡Todo!
2. Profesión o negocio	No hice nada [_____]	¡Todo!
3. Relaciones	No hice nada [_____]	¡Todo!
4. Finanzas	No hice nada [_____]	¡Todo!
5. Mente	No hice nada [_____]	¡Todo!
6. Espíritu	No hice nada [_____]	¡Todo!
7. Tiempo	No hice nada [_____]	¡Todo!

Mi gran aprendizaje de la semana fue:

Reserve en mi calendario semanal el tiempo para mis metas proactivas?

1. Salud ☐

2. Profesión o negocio ☐

3. Relaciones ☐

4. Finanzas ☐

5. Mente ☐

6. Espíritu ☐

7. Tiempo ☐

La razón #1 por la que estoy agradecido esta semana que pasó es:

El objetivo principal que voy a lograr la próxima semana es:

MAÑANA

LUNES   /   /

Mi rutina ganadora:

☐ Leer mi afirmación positiva   ☐

☐ Meditar   ☐

☐ Ejercicio   ☐

☐   ☐

Mi objetivo #1 en el día de hoy es:

_____

_____

Mis tres metas proactivas más importantes para el día de hoy son:

¿La cumplí?

1. _____   Sí ☐   No ☐

2. _____   Sí ☐   No ☐

3. _____   Sí ☐   No ☐

Hoy voy a elogiar/motivar/agradecer sinceramente a:

_____

Por la siguiente razón:

_____

_____

_____

Hoy enfrenté el siguiente reto o problema:

_____

_____

Y aprendí lo siguiente:

_____

_____

Notas e ideas

_____

_____

_____

_____

Tres cosas por las cuales estoy agradecido hoy:

1. _____

_____

2. _____

_____

3. _____

_____

Mañana va a ser un gran día porque:

_____

_____

MAÑANA

MARTES / /

Mi rutina ganadora:

☐ Leer mi afirmación positiva ☐

☐ Meditar ☐

☐ Ejercicio ☐

☐ ☐

Mi objetivo #1 en el día de hoy es:

_____

_____

Mis tres metas proactivas más importantes para el día de hoy son:

¿La cumplí?

1. _____ Sí ☐ No ☐

2. _____ Sí ☐ No ☐

3. _____ Sí ☐ No ☐

Hoy voy a elogiar/motivar/agradecer sinceramente a:

_____

Por la siguiente razón:

_____

_____

_____

Hoy enfrenté el siguiente reto o problema:

_____

_____

Y aprendí lo siguiente:

_____

_____

Notas e ideas

_____

_____

_____

_____

Tres cosas por las cuales estoy agradecido hoy:

1. _____

_____

2. _____

_____

3. _____

_____

Mañana va a ser un gran día porque:

_____

_____

MAÑANA

MIÉRCOLES / /

Mi rutina ganadora:

☐ Leer mi afirmación positiva ☐

☐ Meditar ☐

☐ Ejercicio ☐

☐ ☐

Mi objetivo #1 en el día de hoy es:

_____

_____

Mis tres metas proactivas más importantes para el día de hoy son:

¿La cumplí?

1. _____ Sí ☐ No ☐

2. _____ Sí ☐ No ☐

3. _____ Sí ☐ No ☐

Hoy voy a elogiar/motivar/agradecer sinceramente a:

_____

Por la siguiente razón:

_____

_____

_____

Hoy enfrenté el siguiente reto o problema:

Y aprendí lo siguiente:

Notas e ideas

Tres cosas por las cuales estoy agradecido hoy:

1.

2.

3.

Mañana va a ser un gran día porque:

MAÑANA

JUEVES   /   /

Mi rutina ganadora:

☐ Leer mi afirmación positiva   ☐

☐ Meditar   ☐

☐ Ejercicio   ☐

☐   ☐

Mi objetivo #1 en el día de hoy es:

_____

_____

Mis tres metas proactivas más importantes para el día de hoy son:

¿La cumplí?

1. _____   Sí ☐   No ☐

2. _____   Sí ☐   No ☐

3. _____   Sí ☐   No ☐

Hoy voy a elogiar/motivar/agradecer sinceramente a:

_____

Por la siguiente razón:

_____

_____

_____

Hoy enfrenté el siguiente reto o problema:

Y aprendí lo siguiente:

Notas e ideas

Tres cosas por las cuales estoy agradecido hoy:

1.

2.

3.

Mañana va a ser un gran día porque:

MAÑANA

Mi rutina ganadora:

☐ Leer mi afirmación positiva ☐

☐ Meditar ☐

☐ Ejercicio ☐

☐ ☐

Mi objetivo #1 en el día de hoy es:

....

....

Mis tres metas proactivas más importantes para el día de hoy son:

¿La cumplí?

1. .... Sí ☐   No ☐

2. .... Sí ☐   No ☐

3. .... Sí ☐   No ☐

Hoy voy a elogiar/motivar/agradecer sinceramente a:

....

Por la siguiente razón:

....

....

....

Hoy enfrenté el siguiente reto o problema:

_____

_____

Y aprendí lo siguiente:

_____

_____

Notas e ideas

_____

_____

_____

_____

Tres cosas por las cuales estoy agradecido hoy:

1. _____

_____

2. _____

_____

3. _____

_____

Mañana va a ser un gran día porque:

_____

_____

FIN DE SEMANA

Mi gran victoria esta semana fue:

_____

_____

Mi gran reto o problema esta semana fue:

_____

_____

Una posible solución al problema es:

_____

_____

¿Cumplí mis metas proactivas para cada área del desarrollo humano?

1. Salud   No hice nada [_____] ¡Todo!

2. Profesión o negocio   No hice nada [_____] ¡Todo!

3. Relaciones   No hice nada [_____] ¡Todo!

4. Finanzas   No hice nada [_____] ¡Todo!

5. Mente   No hice nada [_____] ¡Todo!

6. Espíritu   No hice nada [_____] ¡Todo!

7. Tiempo   No hice nada [_____] ¡Todo!

Mi gran aprendizaje de la semana fue:

_____

_____

_____

_____

_____

Reserve en mi calendario semanal el tiempo para mis metas proactivas?

1. Salud ☐

2. Profesión o negocio ☐

3. Relaciones ☐

4. Finanzas ☐

5. Mente ☐

6. Espíritu ☐

7. Tiempo ☐

La razón #1 por la que estoy agradecido esta semana que pasó es:

_____

_____

El objetivo principal que voy a lograr la próxima semana es:

_____

_____

MAÑANA

LUNES / /

Mi rutina ganadora:

☐ Leer mi afirmación positiva   ☐

☐ Meditar   ☐

☐ Ejercicio   ☐

☐   ☐

Mi objetivo #1 en el día de hoy es:

_____

_____

Mis tres metas proactivas más importantes para el día de hoy son:

¿La cumplí?

1. _____   Sí ☐   No ☐

2. _____   Sí ☐   No ☐

3. _____   Sí ☐   No ☐

Hoy voy a elogiar/motivar/agradecer sinceramente a:

_____

Por la siguiente razón:

_____

_____

_____

Hoy enfrenté el siguiente reto o problema:

_____

_____

Y aprendí lo siguiente:

_____

_____

Notas e ideas

_____

_____

_____

_____

Tres cosas por las cuales estoy agradecido hoy:

1. _____

_____

2. _____

_____

3. _____

_____

Mañana va a ser un gran día porque:

_____

_____

MAÑANA

MARTES   /   /

Mi rutina ganadora:

☐ Leer mi afirmación positiva   ☐

☐ Meditar   ☐

☐ Ejercicio   ☐

☐   ☐

Mi objetivo #1 en el día de hoy es:

_____

_____

Mis tres metas proactivas más importantes para el día de hoy son:

¿La cumplí?

1. _____   Sí ☐   No ☐

2. _____   Sí ☐   No ☐

3. _____   Sí ☐   No ☐

Hoy voy a elogiar/motivar/agradecer sinceramente a:

_____

Por la siguiente razón:

_____

_____

_____

Hoy enfrenté el siguiente reto o problema:

Y aprendí lo siguiente:

Notas e ideas

Tres cosas por las cuales estoy agradecido hoy:

1.

2.

3.

Mañana va a ser un gran día porque:

MAÑANA

MIÉRCOLES   /   /

Mi rutina ganadora:

☐ Leer mi afirmación positiva   ☐

☐ Meditar   ☐

☐ Ejercicio   ☐

☐   ☐

Mi objetivo #1 en el día de hoy es:

_____

_____

Mis tres metas proactivas más importantes para el día de hoy son:

¿La cumplí?

1. _____   Sí ☐   No ☐

2. _____   Sí ☐   No ☐

3. _____   Sí ☐   No ☐

Hoy voy a elogiar/motivar/agradecer sinceramente a:

_____

Por la siguiente razón:

_____

_____

_____

Hoy enfrenté el siguiente reto o problema:

_____

_____

Y aprendí lo siguiente:

_____

_____

Notas e ideas

_____

_____

_____

Tres cosas por las cuales estoy agradecido hoy:

1. _____

_____

2. _____

_____

3. _____

_____

Mañana va a ser un gran día porque:

_____

_____

MAÑANA

JUEVES   /   /

Mi rutina ganadora:

☐ Leer mi afirmación positiva   ☐

☐ Meditar   ☐

☐ Ejercicio   ☐

☐   ☐

Mi objetivo #1 en el día de hoy es:

_____

_____

Mis tres metas proactivas más importantes para el día de hoy son:

¿La cumplí?

1. _____   Sí ☐   No ☐

2. _____   Sí ☐   No ☐

3. _____   Sí ☐   No ☐

Hoy voy a elogiar/motivar/agradecer sinceramente a:

_____

Por la siguiente razón:

_____

_____

_____

Hoy enfrenté el siguiente reto o problema:

Y aprendí lo siguiente:

Notas e ideas

Tres cosas por las cuales estoy agradecido hoy:

1.

2.

3.

Mañana va a ser un gran día porque:

MAÑANA

VIERNES   /   /

Mi rutina ganadora:

☐ Leer mi afirmación positiva   ☐

☐ Meditar   ☐

☐ Ejercicio   ☐

☐   ☐

Mi objetivo #1 en el día de hoy es:

_____

_____

Mis tres metas proactivas más importantes para el día de hoy son:

¿La cumplí?

1. _____ Sí ☐   No ☐

2. _____ Sí ☐   No ☐

3. _____ Sí ☐   No ☐

Hoy voy a elogiar/motivar/agradecer sinceramente a:

_____

Por la siguiente razón:

_____

_____

_____

Hoy enfrenté el siguiente reto o problema:

Y aprendí lo siguiente:

Notas e ideas

Tres cosas por las cuales estoy agradecido hoy:

1.

2.

3.

Mañana va a ser un gran día porque:

DÍA 76 Y 77

FIN DE SEMANA

Mi gran victoria esta semana fue:

_____

_____

Mi gran reto o problema esta semana fue:

_____

_____

Una posible solución al problema es:

_____

_____

¿Cumplí mis metas proactivas para cada área del desarrollo humano?

1. Salud — No hice nada [_____] ¡Todo!

2. Profesión o negocio — No hice nada [_____] ¡Todo!

3. Relaciones — No hice nada [_____] ¡Todo!

4. Finanzas — No hice nada [_____] ¡Todo!

5. Mente — No hice nada [_____] ¡Todo!

6. Espíritu — No hice nada [_____] ¡Todo!

7. Tiempo — No hice nada [_____] ¡Todo!

Mi gran aprendizaje de la semana fue:

Reserve en mi calendario semanal el tiempo para mis metas proactivas?

1. Salud ☐

2. Profesión o negocio ☐

3. Relaciones ☐

4. Finanzas ☐

5. Mente ☐

6. Espíritu ☐

7. Tiempo ☐

La razón #1 por la que estoy agradecido esta semana que pasó es:

El objetivo principal que voy a lograr la próxima semana es:

MAÑANA

LUNES   /   /

Mi rutina ganadora:

☐ Leer mi afirmación positiva   ☐

☐ Meditar   ☐

☐ Ejercicio   ☐

☐   ☐

Mi objetivo #1 en el día de hoy es:

_____

_____

Mis tres metas proactivas más importantes para el día de hoy son:

¿La cumplí?

1. _____   Sí ☐   No ☐

2. _____   Sí ☐   No ☐

3. _____   Sí ☐   No ☐

Hoy voy a elogiar/motivar/agradecer sinceramente a:

_____

Por la siguiente razón:

_____

_____

_____

Hoy enfrenté el siguiente reto o problema:

Y aprendí lo siguiente:

Notas e ideas

Tres cosas por las cuales estoy agradecido hoy:

1.

2.

3.

Mañana va a ser un gran día porque:

MAÑANA

MARTES   /   /

Mi rutina ganadora:

☐ Leer mi afirmación positiva   ☐

☐ Meditar   ☐

☐ Ejercicio   ☐

☐   ☐

Mi objetivo #1 en el día de hoy es:

_____

_____

Mis tres metas proactivas más importantes para el día de hoy son:

¿La cumplí?

1. _____   Sí ☐   No ☐

2. _____   Sí ☐   No ☐

3. _____   Sí ☐   No ☐

Hoy voy a elogiar/motivar/agradecer sinceramente a:

_____

Por la siguiente razón:

_____

_____

_____

Hoy enfrenté el siguiente reto o problema:

_____

_____

Y aprendí lo siguiente:

_____

_____

Notas e ideas

_____

_____

_____

_____

Tres cosas por las cuales estoy agradecido hoy:

1. _____

_____

2. _____

_____

3. _____

_____

Mañana va a ser un gran día porque:

_____

_____

MAÑANA

MIÉRCOLES / /

Mi rutina ganadora:

☐ Leer mi afirmación positiva ☐

☐ Meditar ☐

☐ Ejercicio ☐

☐ ☐

Mi objetivo #1 en el día de hoy es:

....

....

Mis tres metas proactivas más importantes para el día de hoy son:

¿La cumplí?

1. .... Sí ☐ No ☐

2. .... Sí ☐ No ☐

3. .... Sí ☐ No ☐

Hoy voy a elogiar/motivar/agradecer sinceramente a:

....

Por la siguiente razón:

....

....

....

Hoy enfrenté el siguiente reto o problema:

Y aprendí lo siguiente:

Notas e ideas

Tres cosas por las cuales estoy agradecido hoy:

1.

2.

3.

Mañana va a ser un gran día porque:

MAÑANA

JUEVES   /   /

Mi rutina ganadora:

☐ Leer mi afirmación positiva   ☐

☐ Meditar   ☐

☐ Ejercicio   ☐

☐   ☐

Mi objetivo #1 en el día de hoy es:

_____

_____

Mis tres metas proactivas más importantes para el día de hoy son:

¿La cumplí?

1. _____ Sí ☐   No ☐

2. _____ Sí ☐   No ☐

3. _____ Sí ☐   No ☐

Hoy voy a elogiar/motivar/agradecer sinceramente a:

_____

Por la siguiente razón:

_____

_____

_____

Hoy enfrenté el siguiente reto o problema:

_____

_____

Y aprendí lo siguiente:

_____

_____

Notas e ideas

_____

_____

_____

_____

Tres cosas por las cuales estoy agradecido hoy:

1. _____

_____

2. _____

_____

3. _____

_____

Mañana va a ser un gran día porque:

_____

_____

MAÑANA

VIERNES   /   /

Mi rutina ganadora:

☐ Leer mi afirmación positiva   ☐

☐ Meditar   ☐

☐ Ejercicio   ☐

☐   ☐

Mi objetivo #1 en el día de hoy es:

_____

_____

Mis tres metas proactivas más importantes para el día de hoy son:

¿La cumplí?

1. _____   Sí ☐   No ☐

2. _____   Sí ☐   No ☐

3. _____   Sí ☐   No ☐

Hoy voy a elogiar/motivar/agradecer sinceramente a:

_____

Por la siguiente razón:

_____

_____

_____

Hoy enfrenté el siguiente reto o problema:

Y aprendí lo siguiente:

Notas e ideas

Tres cosas por las cuales estoy agradecido hoy:

1.

2.

3.

Mañana va a ser un gran día porque:

DÍA 83 Y 84

FIN DE SEMANA

Mi gran victoria esta semana fue:

....

....

Mi gran reto o problema esta semana fue:

....

....

Una posible solución al problema es:

....

....

¿Cumplí mis metas proactivas para cada área del desarrollo humano?

1. Salud	No hice nada	¡Todo!
2. Profesión o negocio	No hice nada	¡Todo!
3. Relaciones	No hice nada	¡Todo!
4. Finanzas	No hice nada	¡Todo!
5. Mente	No hice nada	¡Todo!
6. Espíritu	No hice nada	¡Todo!
7. Tiempo	No hice nada	¡Todo!

Mi gran aprendizaje de la semana fue:

Reserve en mi calendario semanal el tiempo para mis metas proactivas?

1. Salud ☐
2. Profesión o negocio ☐
3. Relaciones ☐
4. Finanzas ☐
5. Mente ☐
6. Espíritu ☐
7. Tiempo ☐

La razón #1 por la que estoy agradecido esta semana que pasó es:

El objetivo principal que voy a lograr la próxima semana es:

MAÑANA

LUNES   /   /

Mi rutina ganadora:

☐ Leer mi afirmación positiva   ☐

☐ Meditar   ☐

☐ Ejercicio   ☐

☐   ☐

Mi objetivo #1 en el día de hoy es:

_____

_____

Mis tres metas proactivas más importantes para el día de hoy son:

¿La cumplí?

1. _____   Sí ☐   No ☐

2. _____   Sí ☐   No ☐

3. _____   Sí ☐   No ☐

Hoy voy a elogiar/motivar/agradecer sinceramente a:

_____

Por la siguiente razón:

_____

_____

_____

Hoy enfrenté el siguiente reto o problema:

Y aprendí lo siguiente:

Notas e ideas

Tres cosas por las cuales estoy agradecido hoy:

1.

2.

3.

Mañana va a ser un gran día porque:

MAÑANA

MARTES   /   /

Mi rutina ganadora:

☐ Leer mi afirmación positiva   ☐

☐ Meditar   ☐

☐ Ejercicio   ☐

☐   ☐

Mi objetivo #1 en el día de hoy es:

....

....

Mis tres metas proactivas más importantes para el día de hoy son:

¿La cumplí?

1. ....   Sí ☐   No ☐

2. ....   Sí ☐   No ☐

3. ....   Sí ☐   No ☐

Hoy voy a elogiar/motivar/agradecer sinceramente a:

....

Por la siguiente razón:

....

....

....

Hoy enfrenté el siguiente reto o problema:

_____

_____

Y aprendí lo siguiente:

_____

_____

Notas e ideas

_____

_____

_____

_____

Tres cosas por las cuales estoy agradecido hoy:

1. _____

_____

2. _____

_____

3. _____

_____

Mañana va a ser un gran día porque:

_____

_____

MAÑANA

Mi rutina ganadora:

☐ Leer mi afirmación positiva   ☐

☐ Meditar   ☐

☐ Ejercicio   ☐

☐   ☐

Mi objetivo #1 en el día de hoy es:

_____

_____

Mis tres metas proactivas más importantes para el día de hoy son:

¿La cumplí?

1. _____   Sí ☐   No ☐

2. _____   Sí ☐   No ☐

3. _____   Sí ☐   No ☐

Hoy voy a elogiar/motivar/agradecer sinceramente a:

_____

Por la siguiente razón:

_____

_____

_____

Hoy enfrenté el siguiente reto o problema:

Y aprendí lo siguiente:

Notas e ideas

Tres cosas por las cuales estoy agradecido hoy:

1.

2.

3.

Mañana va a ser un gran día porque:

MAÑANA

JUEVES / /

Mi rutina ganadora:

☐ Leer mi afirmación positiva ☐

☐ Meditar ☐

☐ Ejercicio ☐

☐ ☐

Mi objetivo #1 en el día de hoy es:

_____

_____

Mis tres metas proactivas más importantes para el día de hoy son:

¿La cumplí?

1. _____ Sí ☐ No ☐

2. _____ Sí ☐ No ☐

3. _____ Sí ☐ No ☐

Hoy voy a elogiar/motivar/agradecer sinceramente a:

_____

Por la siguiente razón:

_____

_____

_____

Hoy enfrenté el siguiente reto o problema:

Y aprendí lo siguiente:

Notas e ideas

Tres cosas por las cuales estoy agradecido hoy:

1.

2.

3.

Mañana va a ser un gran día porque:

MAÑANA

Mi rutina ganadora:

☐ Leer mi afirmación positiva   ☐

☐ Meditar   ☐

☐ Ejercicio   ☐

☐   ☐

Mi objetivo #1 en el día de hoy es:

....

....

Mis tres metas proactivas más importantes para el día de hoy son:

¿La cumplí?

1. ....   Sí ☐   No ☐

2. ....   Sí ☐   No ☐

3. ....   Sí ☐   No ☐

Hoy voy a elogiar/motivar/agradecer sinceramente a:

_____

Por la siguiente razón:

....

....

....

Hoy enfrenté el siguiente reto o problema:

_____

_____

Y aprendí lo siguiente:

_____

_____

Notas e ideas

_____

_____

_____

_____

Tres cosas por las cuales estoy agradecido hoy:

1. _____

_____

2. _____

_____

3. _____

_____

Mañana va a ser un gran día porque:

_____

_____

DÍA 90 Y 91

FIN DE SEMANA

Mi gran victoria esta semana fue:

_____

_____

Mi gran reto o problema esta semana fue:

_____

_____

Una posible solución al problema es:

_____

_____

¿Cumplí mis metas proactivas para cada área del desarrollo humano?

1. Salud   No hice nada [_____] ¡Todo!

2. Profesión o negocio   No hice nada [_____] ¡Todo!

3. Relaciones   No hice nada [_____] ¡Todo!

4. Finanzas   No hice nada [_____] ¡Todo!

5. Mente   No hice nada [_____] ¡Todo!

6. Espíritu   No hice nada [_____] ¡Todo!

7. Tiempo   No hice nada [_____] ¡Todo!

Mi gran aprendizaje de la semana fue:

_____

_____

_____

_____

_____

Reserve en mi calendario semanal el tiempo para mis metas proactivas?

1. Salud ☐

2. Profesión o negocio ☐

3. Relaciones ☐

4. Finanzas ☐

5. Mente ☐

6. Espíritu ☐

7. Tiempo ☐

La razón #1 por la que estoy agradecido esta semana que pasó es:

_____

_____

El objetivo principal que voy a lograr la próxima semana es:

_____

_____

MAÑANA

LUNES   /   /

Mi rutina ganadora:

☐ Leer mi afirmación positiva   ☐

☐ Meditar   ☐

☐ Ejercicio   ☐

☐   ☐

Mi objetivo #1 en el día de hoy es:

....

....

Mis tres metas proactivas más importantes para el día de hoy son:

¿La cumplí?

1. ....   Sí ☐   No ☐

2. ....   Sí ☐   No ☐

3. ....   Sí ☐   No ☐

Hoy voy a elogiar/motivar/agradecer sinceramente a:

_____

Por la siguiente razón:

....

....

....

Hoy enfrenté el siguiente reto o problema:

Y aprendí lo siguiente:

Notas e ideas

Tres cosas por las cuales estoy agradecido hoy:

1.

2.

3.

Mañana va a ser un gran día porque:

MAÑANA

MARTES   /   /

Mi rutina ganadora:

☐ Leer mi afirmación positiva   ☐

☐ Meditar   ☐

☐ Ejercicio   ☐

☐   ☐

Mi objetivo #1 en el día de hoy es:

....

....

Mis tres metas proactivas más importantes para el día de hoy son:

¿La cumplí?

1. ....   Sí ☐   No ☐

2. ....   Sí ☐   No ☐

3. ....   Sí ☐   No ☐

Hoy voy a elogiar/motivar/agradecer sinceramente a:

....

Por la siguiente razón:

....

....

....

Hoy enfrenté el siguiente reto o problema:

Y aprendí lo siguiente:

Notas e ideas

Tres cosas por las cuales estoy agradecido hoy:

1.

2.

3.

Mañana va a ser un gran día porque:

MAÑANA

MIÉRCOLES　　　　/　　　/

Mi rutina ganadora:

☐ Leer mi afirmación positiva　　☐

☐ Meditar　　☐

☐ Ejercicio　　☐

☐　　☐

Mi objetivo #1 en el día de hoy es:

_____

_____

Mis tres metas proactivas más importantes para el día de hoy son:

¿La cumplí?

1. _____　Sí ☐　　No ☐

2. _____　Sí ☐　　No ☐

3. _____　Sí ☐　　No ☐

Hoy voy a elogiar/motivar/agradecer sinceramente a:

_____

Por la siguiente razón:

_____

_____

_____

Hoy enfrenté el siguiente reto o problema:

Y aprendí lo siguiente:

Notas e ideas

Tres cosas por las cuales estoy agradecido hoy:

1.

2.

3.

Mañana va a ser un gran día porque:

MAÑANA

JUEVES   /   /

Mi rutina ganadora:

☐ Leer mi afirmación positiva   ☐

☐ Meditar   ☐

☐ Ejercicio   ☐

☐   ☐

Mi objetivo #1 en el día de hoy es:

....

....

Mis tres metas proactivas más importantes para el día de hoy son:

¿La cumplí?

1. ....   Sí ☐   No ☐

2. ....   Sí ☐   No ☐

3. ....   Sí ☐   No ☐

Hoy voy a elogiar/motivar/agradecer sinceramente a:

....

Por la siguiente razón:

....

....

....

Hoy enfrenté el siguiente reto o problema:

Y aprendí lo siguiente:

Notas e ideas

Tres cosas por las cuales estoy agradecido hoy:

1.

2.

3.

Mañana va a ser un gran día porque:

MAÑANA

VIERNES / /

Mi rutina ganadora:

☐ Leer mi afirmación positiva ☐

☐ Meditar ☐

☐ Ejercicio ☐

☐ ☐

Mi objetivo #1 en el día de hoy es:

_____

_____

Mis tres metas proactivas más importantes para el día de hoy son:

¿La cumplí?

1. _____ Sí ☐ No ☐

2. _____ Sí ☐ No ☐

3. _____ Sí ☐ No ☐

Hoy voy a elogiar/motivar/agradecer sinceramente a:

_____

Por la siguiente razón:

_____

_____

_____

Hoy enfrenté el siguiente reto o problema:

Y aprendí lo siguiente:

Notas e ideas

Tres cosas por las cuales estoy agradecido hoy:

1.

2.

3.

Mañana va a ser un gran día porque:

DÍA 97 Y 98

FIN DE SEMANA

Mi gran victoria esta semana fue:

_____

_____

Mi gran reto o problema esta semana fue:

_____

_____

Una posible solución al problema es:

_____

_____

¿Cumplí mis metas proactivas para cada área del desarrollo humano?

1. Salud   No hice nada [_____] ¡Todo!

2. Profesión o negocio No hice nada [_____] ¡Todo!

3. Relaciones   No hice nada [_____] ¡Todo!

4. Finanzas   No hice nada [_____] ¡Todo!

5. Mente   No hice nada [_____] ¡Todo!

6. Espíritu   No hice nada [_____] ¡Todo!

7. Tiempo   No hice nada [_____] ¡Todo!

Mi gran aprendizaje de la semana fue:

_____

_____

_____

_____

_____

Reserve en mi calendario semanal el tiempo para mis metas proactivas?

1. Salud ☐

2. Profesión o negocio ☐

3. Relaciones ☐

4. Finanzas ☐

5. Mente ☐

6. Espíritu ☐

7. Tiempo ☐

La razón #1 por la que estoy agradecido esta semana que pasó es:

_____

_____

El objetivo principal que voy a lograr la próxima semana es:

_____

_____

MAÑANA

LUNES / /

Mi rutina ganadora:

☐ Leer mi afirmación positiva ☐

☐ Meditar ☐

☐ Ejercicio ☐

☐ ☐

Mi objetivo #1 en el día de hoy es:

_____

_____

Mis tres metas proactivas más importantes para el día de hoy son:

¿La cumplí?

1. _____ Sí ☐   No ☐

2. _____ Sí ☐   No ☐

3. _____ Sí ☐   No ☐

Hoy voy a elogiar/motivar/agradecer sinceramente a:

_____

Por la siguiente razón:

_____

_____

_____

Hoy enfrenté el siguiente reto o problema:

Y aprendí lo siguiente:

Notas e ideas

Tres cosas por las cuales estoy agradecido hoy:

1.

2.

3.

Mañana va a ser un gran día porque:

MAÑANA

MARTES   /   /

Mi rutina ganadora:

☐ Leer mi afirmación positiva   ☐

☐ Meditar   ☐

☐ Ejercicio   ☐

☐   ☐

Mi objetivo #1 en el día de hoy es:

_____

_____

Mis tres metas proactivas más importantes para el día de hoy son:

¿La cumplí?

1. _____   Sí ☐   No ☐

2. _____   Sí ☐   No ☐

3. _____   Sí ☐   No ☐

Hoy voy a elogiar/motivar/agradecer sinceramente a:

_____

Por la siguiente razón:

_____

_____

_____

Hoy enfrenté el siguiente reto o problema:

Y aprendí lo siguiente:

Notas e ideas

Tres cosas por las cuales estoy agradecido hoy:

1.

2.

3.

Mañana va a ser un gran día porque:

NOTAS

NOTAS

NOTAS

NOTAS

Made in the USA
Las Vegas, NV
19 February 2024